LUISE M. SOMMER

DEIN GEDÄCHTNIS KANN MEHR!

W0242678

fischer & gann

LUISE M. SOMMER

DEIN GEDÄCHTNIS KANN MEHR!

KREATIVE MERKTIPPS FÜR DEN DIGITALEN ALLTAG

fischer & gann

Bibliografische Information der Deutschen Nationalbibliothek:
Die Deutsche Nationalbibliothek verzeichnet diese Publikation
in der Deutschen Nationalbibliografie; detaillierte bibliografische Daten
sind im Internet über http://dnb.d-nb.de abrufbar.

Dieses Werk einschließlich aller seiner Teile ist urheberrechtlich geschützt.
Jede Verwertung außerhalb der engen Grenzen des Urheberrechtsgesetzes
ist unzulässig und strafbar.
© Verlag Fischer & Gann, Munderfing 2017
Umschlaggestaltung | Layout und Satz: Gesine Beran, Turin
Umschlagmotiv: © shutterstock/Thana Thanadechakul, © shutterstock/Alexey Pushkin
Gesamtherstellung | Druck: Aumayer Druck + Verlag Ges.m.B.H. & Co KG, Munderfing
Printed in the European Union

ISBN 978-3-903072-58-9
ISBN E-BOOK 978-3-903072-63-3

www.fischerundgann.com

Dieses Buch habe ich für alle
Menschen geschrieben, die ihr
Gedächtnis, mit und ohne Handy,
unabhängig vom Alter,
in Schwung halten möchten!

LMS

INHALT

Vorwort

MITTEN IN DIE SPANNENDE RECHERCHE für dieses Buch fiel meine spontane Entscheidung, nach zwölf Jahren Wettkampfpause wieder bei Gedächtnisweltmeisterschaften teilzunehmen – diesmal in der »Senior Category 60+«. Ich habe es nicht bereut – es war ein unbeschreiblicher, unvergesslicher Moment, als ich in Singapur den Titel des »Senior World Memory Champion« errang und mit der österreichischen Bundeshymne geehrt wurde.

Als ich mein erstes Buch *Gutes Gedächtnis leicht gemacht* vor mittlerweile 14 Jahren geschrieben habe, war es mein erklärtes Ziel, möglichst viele Menschen mit meiner Begeisterung für das Phänomen *Gedächtnis* anzustecken. Ich wollte (und will) zeigen, wie jeder von uns mit den richtigen »Werkzeugen« sein Gedächtnis vom unzuverlässigen zum verlässlichen Partner machen kann.

Meine Faszination ist nach wie vor ungebrochen – und ich stelle fest, dass auch mit zunehmendem Alter diese Werkzeuge hervorragend funktionieren. Laut gängigem Vorurteil »Alter = schlechteres Gedächtnis« müsste ich jetzt eigentlich da und dort schon Probleme haben, sei das nun beim Namensgedächtnis, beim Merken von Telefonnummern oder beim Einkaufen, wenn ich meine Liste daheim liegen gelassen habe. Soll ich Ihnen die Wahrheit verraten? Selbstverständlich gibt es auch für mich Situationen, wo mir ein Name partout nicht einfallen will oder ich mich ärgere, weil ich genau die entscheidende Zutat, die ich für mein Rezept gebraucht hätte, nicht gekauft habe. Das darf, kann und wird jedem passieren. Aber ich weiß, dass der Grund dafür nicht bei meinem möglicherweise nachlassenden Gedächtnis liegt. Wahrscheinlich war ich schlicht und ergreifend nicht aufmerksam genug.

Aufmerksamkeit – in ihrer achtsamen, ungeteilten Form – ist nämlich die wichtigste Grundlage für ein gutes Gedächtnis. Doch seit dem Einzug der digitalen Medien in unser Leben fällt es uns zunehmend schwerer, einer Person, einer Sache eben diese ungeteilte Aufmerksamkeit zu schenken. Und dennoch ist es genau das, was wir (wieder) lernen müssen.

Das Smartphone – in seiner gängigen Form – wurde im Januar 2007 erstmals präsentiert. Mit seiner Einführung und Verbreitung hat sich auch die Art und Weise, wie wir uns Dinge (nicht mehr) merken, entscheidend verändert. Wir befinden uns mitten in einem spannenden Lernprozess, was unseren Umgang damit betrifft. Was können wir getrost dem Gerät überlassen, welche Gedächtnisleistungen nicht? Und wie können wir frei gewordene Kapazitäten für ein verlässlicheres Gedächtnis nützen?

Meine Antworten darauf finden Sie in diesem Buch. Mich beim Schreiben so intensiv mit diesen Fragen zu befassen war auch für mich persönlich hilfreich. Sie kennen vielleicht den Spruch »You teach best what you most need to learn«. – Glauben Sie mir, bei Themen wie (ungeteilte!) Aufmerksamkeit, im Hier-und-Jetzt-Sein oder bewusste Offline-Zeiten brauche ich selbst meine Tipps mindestens ebenso wie Sie!

Doch keine Angst – dieses Buch ist kein schweißtreibender Gehirn-Jogging-Kurs. Das Trainings-Motto ist vielmehr an die Initialen meines Namens Luise Maria Sommer angelehnt:

LMS – das steht für »Lernen & Merken mit System«.

Oder noch einfacher:

LMS – (lebenslanges) »Lernen macht Spaß«.

Lassen Sie sich anstecken!

Herzlichst Ihre

Luise M. Sommer

LMS

Langenwang, im Juli 2017

1 | GUTES GEDÄCHTNIS – SMARTPHONE SEI DANK

ICH STEHE AUF DEM BAHNSTEIG und freue mich auf eine gemütliche Zugfahrt in die Großstadt. Auf dem Programm stehen ein Geschäftstermin in der Innenstadt und anschließend ein Abendessen mit einer guten Freundin. In fünf Minuten wird der Zug einfahren ... da kommt mir siedend heiß der Gedanke: Ich habe mein Handy zu Hause liegen lassen! Und selbstverständlich sind alle wichtigen Informationen für diese beiden Termine auf dem Handy gespeichert: Adresse und Anfahrtsweg für den Geschäftstermin, die Telefonnummern meiner Gesprächspartner. Was, wenn etwas dazwischenkommt und ich mich verspäte – ich könnte niemanden anrufen und mich entschuldigen.

Mein erster Impuls ist, sofort umzukehren. Doch den muss ich auch gleich wieder verwerfen, denn würde ich den Zug in einer Stunde nehmen, käme ich heillos zu spät. Wenigstens die Telefonnummer meiner Freundin habe ich im Kopf. Die Adresse des Geschäftstermins ebenso. Also atme ich tief durch. Ich werde auch ohne Handy überleben. Früher ging das schließlich auch.

Ein bisschen mulmig ist mir schon zumute, als ich einsteige.

NEUE MEDIEN VERLANGEN NACH NEUEM DENKEN

WIE OFT GEHEN SIE OHNE IHR SMARTPHONE AUSSER HAUS? Was passiert, wenn Sie einmal nicht daran denken, es mitzunehmen? Sehr viele Menschen haben sich heutzutage an die Annehmlichkeiten neuer technischer Geräte gewöhnt. In der Geschäftswelt sind sie nicht mehr wegzudenken, doch auch im privaten Leben sind Handy, Tablet, Computer allgegenwärtig. Wenn Freunde in ihrer Freizeit gemütlich beisammensitzen, haben auch sie ihre Handys immer griffbereit. Sie plaudern und schielen dennoch mit einem Auge auf das Display – könnte ja sein, dass ihnen etwas entgeht. Tauchen im Gespräch Fragen auf, so scheint mancher geradezu erleichtert, dass er nun endlich einen guten Grund hat, das Handy in die Hand zu nehmen. Wie heißt noch gleich die Hauptdarstellerin in diesem grandiosen Film, der gerade läuft? Kein Problem, das Internet weiß Bescheid. Wann genau ist Österreich der EU beigetreten? Moment, ich google mal. Die Handynummern meiner Kinder? Nein, auswendig weiß ich die nicht. Sind ja ohnehin im Smartphone gespeichert.

Es ist noch nicht so lange her, da wäre dieses Verhalten höchst ungewöhnlich gewesen. Vor etwa zehn Jahren hatten zwar viele ein Mobiltelefon, doch das wurde hauptsächlich zum Telefonieren und zum Versenden von SMS verwendet. Auch schon damals klagte man über Vergesslichkeit, doch heute ist diese so weit verbreitet, dass dafür sogar schon ein eigener Name gefunden wurde: »digitale Demenz«. Und sie betrifft nicht nur alte, sondern alle Generationen.

Was bedeutet es für unser Gehirn, dass wir das Smartphone ständig in der Hosen- oder Handtasche mit dabeihaben? Mit dem Zugriff aufs Internet haben wir unser Gedächtnis gleichsam ausgelagert. Wir haben dennoch das unangenehme Gefühl, uns weniger denn je zu merken, und machen uns Sorgen, dass unser Gedächtnis nicht so leistungsfähig ist, wie wir das erwarten. Dabei müsste es doch umgekehrt sein: Wenn so viel Wissen im Computer gespeichert und unser Gehirn damit nicht länger belastet ist, müsste doch in unserem Kopf ganz viel Speicherplatz frei sein!

Nun, beides ist richtig. Die neuen Medien können tatsächlich unser Gehirn entlasten. Gleichzeitig ist es eine Tatsache, dass Menschen immer vergesslicher werden, auch junge. Der amerikanische Zukunftsforscher John Naisbitt brachte das einmal wunderbar auf den Punkt: »We are drowning in information, but starved for knowledge. – Wir ertrinken in Informationen, aber hungern nach Wissen.« Denn die neuen Technologien haben uns nicht nur Entlastungen für unser Gehirn gebracht. Sie haben unser Leben, unseren Alltag massiv verändert:

- Das Tempo, in dem wir arbeiten, hat sich erhöht. Und wir müssen mitunter auf vielen verschiedenen Kommunikationskanälen aktiv sein. Wenn uns vor zehn oder 15 Jahren jemand etwas mitteilen wollte, tat er das über Telefon, Fax oder Brief. Heute erhalten wir Nachrichten über Telefon, Mail, SMS, WhatsApp, Messenger und noch viele andere Wege. Das überfordert uns.
- Wir lassen uns bei jeder Tätigkeit gerne unterbrechen, weil ein »Pling!« uns auf neue Nachrichten aufmerksam macht – und wir reagieren darauf und verzetteln uns.
- Weil es einfach ist, auf dem Computer Wissen zu speichern, lassen wir unser Langzeitgedächtnis verkümmern. Unser Gehirn wird stattdessen trainiert im Suchen und Finden von Infor-

mationen. Das führt natürlich langfristig zu Problemen beim Merken – wir haben zunehmend das Gefühl, vergesslich zu sein.

Das Gehirn ist ein Organ, das ständig trainiert und gefordert werden will. Wenn wir ihm diesen Dienst verweigern, weil wir so vieles an den Computer delegieren, dann verkümmert es und verlernt, wichtige Funktionen wahrzunehmen. Das ist nicht anders als bei Muskeln: Wenn wir selbst den kürzesten Weg zum Supermarkt mit dem Auto zurücklegen, wenn wir auch ins erste Stockwerk mit dem Lift fahren, anstatt die Treppen zu nehmen, dann werden unsere Muskeln und Sehnen und nicht zuletzt auch die Gelenke an Substanz abbauen und uns mit der Zeit ihren Dienst verweigern. Es ist erwiesen, dass Menschen, die unzureichend Bewegung machen, sich leichter verletzen und im Alter früher körperlich schwach werden.

Nicht anders ist es mit unserem Gehirn: Wenn wir es nicht in Schwung halten, verkümmert es, und die Gefahr ist heute größer denn je.

Doch die gute Nachricht lautet: Unser Gehirn ist immer bereit, Neues zu lernen. Es enthält sage und schreibe knapp 100 Billionen (10 hoch 14) Synapsen – das sind die Verbindungen zwischen den Nervenzellen – zu all unseren Erinnerungen und unserem Wissen, das in unserem Gedächtnis abgelegt ist. Jedes Mal, wenn Sie neues Wissen erwerben, werden Synapsen gebildet. Wenn Sie zum Beispiel nicht mehr wissen, wann Kaiserin Maria Theresia gelebt und regiert hat, dann haben Sie dieses Wissen wohl schon lange nicht mehr gebraucht – Ihr Gehirn hat die Synapsen, die zu diesem Speicherplatz führen, weggeräumt.[1] Dafür schafft es möglicherweise gerade welche, weil Sie vorhaben, sich »100 Billionen Synapsen« zu merken.

Um ein gut funktionierendes Gehirn zu haben, sollte es Ihr Ziel sein, möglichst viele der unzähligen Synapsen aktiv zu halten und immer neue Verbindungen zwischen Ihren Nervenzellen zu knüpfen. Denn je besser Ihr Gehirn ausgelastet wird, desto länger bleibt es voll funktionsfähig und desto später machen sich altersbedingte Vergesslichkeit, Demenz und sogar Alzheimer bemerkbar.

Berühmt ist dazu eine Studie des amerikanischen Epidemiologen David A. Snowdon und seines Forscherteams[2] mit 678 Nonnen eines katholischen Klosters. Er wollte herausfinden, was in der frühen, mittleren und späten Lebensphase das Risiko erhöht, an Alzheimer zu erkranken. Die durchwegs älteren Nonnen (sie waren zwischen 75 und 106 Jahre alt) wurden drei Mal täglich getestet. Nach ihrem Tod wurde das Gehirn nach den sogenannten »Plaques« untersucht, das sind eiweißhaltige Ablagerungen, wie sie für Alzheimer typisch sind.

Die Gehirnleistung der Nonnen war auffällig hoch, wie sich herausstellte. Sie waren deutlich weniger dement als andere Gleichaltrige. Eine Schwester, Maria, beispielsweise war Lehrerin an einem College. Sie übte diese anspruchsvolle Aufgabe bis zu ihrem 84. Lebensjahr aus und blieb bis zu ihrem Tod mit 101 Jahren geistig rege. Schwester Bernadette war ebenfalls eine kluge Frau und zeigte bis zu ihrem Tod mit 85 Jahren keinerlei Anzeichen von Demenz, im Gegenteil. Sie war körperlich und geistig völlig fit. Als man jedoch ihr Gehirn untersuchte, waren die Forscher verblüfft: Es war mit Plaques überzogen, und zwar in einem Ausmaß, wie es bei schwer kranken Patienten im Endstadium von Alzheimer üblich ist.

Generell stellte man fest: Jene Nonnen, die von Jugend an bis ins hohe Alter geistig anspruchsvolle Tätigkeiten ausübten, hatten bis zu ihrem Tod ein absolut funktionsfähiges Gehirn, selbst wenn dieses eindeutige Anzeichen von Demenz und Alzheimer aufwies, wie bei der Untersuchung nach ihrem Tod festgestellt wurde. Doch die Krankheit hatte einfach keine Chance, sich gegenüber einem aktiven und leistungsfähigen Gehirn zu behaupten.

Es wäre jedoch unangemessen, daraus die Schlussfolgerung zu ziehen, dass rege geistige Aktivität bis ins hohe Alter jeden von uns davor schützen kann, Demenzsymptome zu entwickeln. Das wäre zu einfach! So war die deutsche Öffentlichkeit sehr erschüttert über das Schicksal des berühmten Literaturwissenschaftlers und Schriftstellers Walter Jens aus Tübingen. Er war sicherlich sein Leben lang geistig höchst aktiv, wurde 90 Jahre alt – und erkrankte in den letzten zehn Jahren seines Lebens an Alzheimer.

Trotzdem zeigen diese »Nonnenstudie« und zahlreiche weitere Untersuchungen: Je mehr wir unser Gehirn herausfordern, desto mehr Reserven hat es, um einen altersbedingten Abbau hinauszuzögern.

SMARTPHONES SOLLTEN WERKZEUGE SEIN, NICHT DER NABEL DER WELT

INTERNET UND NEUE MEDIEN sind Errungenschaften, die auch in Zukunft nicht mehr aus unserem Leben wegzudenken sein werden. Es ist höchste Zeit, dass wir lernen, gut damit umzugehen – und damit meine ich nicht das technische Know-how. Was ich vielmehr sagen möchte, ist, dass viel zu viele Menschen ihrem Handy viel zu viel Bedeutung einräumen und es nicht nur als hilfreiches Werkzeug betrachten. Sie verlassen sich viel zu sehr darauf, dass alles, was sie brauchen, ohnehin gespeichert ist und sie daher gar nicht erst ihr Oberstübchen bemühen müssen. Mit dem Effekt, dass sie vergesslich werden, weil ihr Gehirn träge und faul geworden ist.

Jedes technische Gerät ist immer nur so gut wie der Mensch, der es benutzt. Computer, Tablets, Handys sind nichts anderes als Werkzeuge, die vor einigen Jahren erfunden wurden. Es liegt an uns, sie so zu nutzen, dass sie uns wertvolle Helfer sind und uns nicht dominieren.

Wir Menschen sind so geschaffen, uns an unser Umfeld anzupassen. Nur auf diese Weise haben wir über die Jahrtausende überlebt – weil wir uns selbst und die Dinge, die wir zum Leben brauchten, weiterentwickelt haben. Und wir sind lernende Wesen, wir lernen kontinuierlich aus Erfahrungen. Daher wissen wir zum Beispiel, dass ein bisschen Kuchen uns nicht schadet, aber täglich ein Stück Torte mit viel Schlagobers uns dick und krank macht. Zu viel Wein ist schädlich, ein Gläschen täglich kann jedoch sogar gesund sein. Wer klug ist, genießt eben in Maßen.

So ähnlich sollten wir es auch mit unserem Computer halten: das richtige Maß finden, das uns guttut und für uns nützlich ist.

Handy & Co. zu verweigern und gar nicht mehr zu nutzen wäre keine Lösung; wir würden zu Außenseitern der Gesellschaft.

Wenn Ihr Gehirn Ihre Schatzkammer, Ihr leistungsfähiges Wunderwerk bis ins hohe Alter sein soll, sind Sie gut beraten, zweierlei zu tun:

- Lernen Sie erstens, Smartphone & Co. so zu nutzen, dass sie Ihnen wertvoller Helfer sind. Ihr Handy ist Ihr Diener, nicht Ihr Boss! Mehr darüber in Kapitel 2.
- Trainieren Sie zweitens Ihr Gehirn kontinuierlich. Es ist wie ein Muskel, der erschlafft, wenn Sie ihn nicht nutzen. Je öfter Sie Ihr Gehirn herausfordern, desto verlässlicher wird es sein. Dass Gehirnjogging sehr viel Spaß machen und obendrein Ihren Horizont erweitern kann, davon möchte ich Sie in diesem Buch überzeugen.

Im Übrigen hat ein gut funktionierendes Gehirn direkte, positive Auswirkungen auf unsere Lebensqualität. Wer sich auf seine Gedächtnisleistung verlassen kann, gewinnt Selbstvertrauen. Nicht zuletzt ist vieles, das unserem Gehirn guttut, auch gut für unsere Wahrnehmung und die Art, wie wir mit anderen Menschen umgehen.

Im Folgenden lade ich Sie dazu ein, Ihr wohl erstaunlichstes Organ, Ihr Gehirn, zu einer wahren Schatzkammer zu machen. Wir gehen dabei vor wie ein Schatzsucher: Wir befreien zuerst den Weg vom Gestrüpp und wehren alle Ablenkungen auf die Leistungsfähigkeit unseres Gehirns ab. Erst dann ist es frei und bereit für Denkübungen und Merkspiele, die es kontinuierlich auf Trab halten werden. Viel Freude beim Füllen Ihrer Schatzkammer!

2 | MACHEN SIE IHR GEHIRN MEDIENFIT

VOR EINIGER ZEIT, es war kurz vor der Manuskriptabgabe dieses Buchs, sitze ich beim Frühstückskaffee, lese in meiner (digitalen) Zeitung und muss schmunzeln. Der Handyhersteller Nokia möchte das klassische Einfach-Handy Nokia 3310 wieder neu herausbringen – als hätte es die Smartphone-Revolution nicht gegeben. Es dient lediglich zum Telefonieren, SMS-Versenden und nur ein einziges Spiel (»Snake«) lässt sich darauf spielen. Von WLAN und Kamera keine Spur, kein WhatsApp, Facebook oder Instagram. Mit seinen 17 Jahren ist dieses legendäre Gerät älter als so mancher jugendliche Smartphone-Besitzer.

Angeblich bekam das wiederbelebte Modell beim Mobile World Congress in Barcelona viel Aufmerksamkeit. Genau solch ein Uralt-Handy hatte sich schließlich auch ein innovativer, »digitalaffiner« junger Unternehmer vor einiger Zeit (wieder) zugelegt, mit dem ich mich am Ende dieses Kapitels unterhalte. Könnte das ein erstes Anzeichen für eine Art Gegenbewegung sein ...?

ALS ICH VOR 14 JAHREN mein erstes Buch mit dem Titel *Gutes Gedächtnis leicht gemacht* schrieb, ging es mir in erster Linie darum, Menschen für die verschiedenen Merk-Techniken zu begeistern. In der Zwischenzeit haben sich die Herausforderungen für unser Gehirn enorm verändert. Gedächtnistraining muss heute sehr viel mehr sein, als Mnemo- und andere Techniken anzuwenden. All die vielen Ablenkungen in unserem Alltag erfordern noch viel mehr Sorgsamkeit und auch ein Umdenken im Umgang mit unserem Gedächtnis. Die Frage, die wir uns zuerst stellen müssen, heißt meines Erachtens: Wie verteile ich meine Aufmerksamkeit? Denn unser Gehirn kann noch so gut in Schuss sein – wenn wir es verlernt haben, uns auf eine einzelne Sache länger zu konzentrieren, bis sie fertig gemacht oder gedacht ist, nützt uns das wenig. In diesem Kapitel geht es daher zunächst darum, wieder ein wenig Ruhe einkehren zu lassen in unserem Gehirn.

Wie nutzen wir unsere Computer, Smartphones und das Internet? Auch wenn wir uns über all diese technischen Errungenschaften freuen können, seien wir ehrlich: Ein praktikables Handbuch, wie wir sie sinnvoll und zu unserem Wohle nutzen, haben wir nicht mitgeliefert bekommen. Eigentlich müsste bei jedem Smartphone nicht nur eine Bedienungsanleitung beigelegt sein, sondern auch Hinweise für eine grundsätzliche Nutzung im Alltag.

Wenn ich mich sowohl bei jungen als auch älteren Menschen umschaue, wird mit der modernen Technik umgegangen, als gäbe es kein Morgen. So wie manche viel zu viel Junkfood in sich hineinstopfen, so überfordern sie mit Informationen über Informationen aus dem Internet ihr Gehirn. Und so wie jemand, der sich ständig ungesund ernährt, irgendwann einsehen muss, dass er auf eine vernünftige, ausgewogene Diät umstellen sollte, so gilt es auch, unseren Umgang mit neuen Medien zu überdenken und neu anzupassen.

Zum Glück sind wir Menschen ja Meister der Anpassung, andernfalls gäbe es uns als Menschheit schon lange nicht mehr. Neue Erfindungen sollten immer wieder unser Leben erleichtern, uns unterstützen. Doch das tun sie nur, wenn wir sie so in unser Leben integrieren, dass sie uns als Mensch weiterbringen. Im Moment scheint es eher so, als ob viele Menschen das Gefühl hätten, die neuen Geräte würden unsere Hirnleistung beeinträchtigen. Bei einer Blitzumfrage[3], an der 100 Personen teilnahmen, waren nur 13 Prozent der Meinung, dass das Handy keinen Einfluss auf ihre Gedächtnisleistung habe. Etwas mehr als 60 Prozent jedoch stimmten folgender Aussage überwiegend oder völlig zu: »Ich habe das Gefühl, mein Gedächtnis leidet, weil mir mein Handy oder Smartphone Erinnerungsfunktionen und das Speichern von Wissen, Zahlen etc. abnimmt.«

Nicht, dass wir das Problem der Informationsüberflutung nicht schon gehabt hätten: Als im 15. Jahrhundert Johannes Gutenberg die Druckerpresse erfand, beschwerten sich die Menschen, dass sie bei so vielen Informationen das Wesentliche aus den Augen verlieren würden. Auch von den Bibliotheken hieß es: Es gäbe ja schon viel zu viele Bücher in den Regalen … Kommen Ihnen diese Beschwerden vertraut vor? Wir haben mit diesen Entwicklungen umzugehen gelernt, sodass sie unser Leben, unsere Kultur bereichern. Genau das sollte uns nun auch mit dem Internet und den Computern gelingen. Das Handy sollte unser Diener sein, nicht unser Boss, der uns am Gängelband führt. Unser oberstes Ziel heißt ab sofort:

Lernen wir, mit unserem Handy und unserem Computer

so umzugehen, dass wir unser Gedächtnis nicht belasten, sondern befreien. Dann kann unser Gehirn wieder gut arbeiten. Nicht das Internet ist schuld an unserer Vergesslichkeit, sondern die fehlende Kompetenz, damit umzugehen.

DAS WICHTIGSTE ZUERST: SCHENKEN SIE IHRER UMWELT UNGETEILTE AUFMERKSAMKEIT

ES IST BEINAHE SCHON EIN RITUAL, wenn man ins Kaffeehaus oder Restaurant geht: Man setzt sich an den Tisch, und noch bevor man sich umschaut oder einen Blick in die Speisekarte wirft – legt man das Handy auf den Tisch. Sie meinen, da wäre doch nichts dabei? Die beiden Forscher Andrew K. Przybylski und Netta Weinstein von der University of Essex[4] sind da anderer Ansicht. Sie haben eine Studie vorgelegt, in der sie die Wirkung von Mobiltelefonen auf Vertrauen und Empathie anderen Menschen gegenüber untersucht haben.

Im Experiment wurden jeweils zwei Personen gebeten, ein Gespräch zu führen. Nach zehn Minuten sollten sie in einem Fragebogen die Beziehungsqualität, das Gefühl von Vertrauen und die Empathie des Gesprächspartners bewerten. Das Ergebnis der Studie war erstaunlich: Lag bei wichtigen Gesprächen das Smartphone griffbereit auf dem Tisch, war das gefühlte Vertrauen nur halb so groß, als wenn kein Smartphone in der Nähe lag. Man schrieb dem Gesprächspartner weniger Empathie zu. Bei unbedeutenden Gesprächen gab es kaum Unterschiede. Die Forscher schlossen daraus, dass das Handy unbewusst die Botschaft vermittelt: Ich bin bereit, unser Gespräch jederzeit zu unterbrechen.

Man kann hier noch weiterdenken. Das Smartphone auf dem Tisch suggeriert dem anderen: Du bist nicht so wichtig. Jede Nachricht, jeder Anruf könnte sofort die Aufmerksamkeit vom Gesprächspartner weglenken. Und so ist es doch auch, wenn wir ehrlich sind, nicht wahr? Wenn wir im Augenwinkel sehen, dass das Display aufleuchtet, wollen wir sehen, was es Neues gibt, es zieht uns magisch an! Und schon erfährt das Gespräch eine kleine Unterbrechung.

Wir haben nun einmal nur ein bestimmtes Maß an Aufmerksamkeit zur Verfügung. Ich vergleiche das gerne mit einem Topf voll goldener Taler. Für jeden Tag gibt es nur eine bestimmte Zahl davon, und es liegt an uns zu entscheiden, an wen oder für was wir sie verschenken. Wir möchten in einem wertvollen Gespräch ein paar »dieser Taler« unserem Gegenüber zukommen lassen, doch da sind noch so viele andere, die etwas davon wollen: unsere »Freunde« auf Facebook und WhatsApp, ach so interessante Videos auf YouTube, Informationen aus dem Internet … Ehe wir uns versehen, ist eine beträchtliche Menge unserer goldenen Taler in diesen gefräßigen Mäulern verschwunden. Für gute Gespräche, für die viel gepriesene »quality time« mit Freunden, der Familie oder mit uns selbst bleibt nicht mehr viel übrig.

Eines nach dem anderen, so die Devise. Lassen Sie bei wichtigen Gesprächen Ihr Handy in der Tasche und schenken Sie Ihrem Gesprächspartner einen Ihrer wertvollen Taler. Erst danach können Sie sich um die neuesten Nachrichten auf Ihrem Smartphone kümmern – oder auch nicht. Bedenken Sie: Jeder Taler steht auch für ein bestimmtes Quantum an Lebenszeit, und Sie entscheiden, ob Sie diese für das tausendste Katzenfoto auf Facebook oder vielleicht doch lieber für etwas anderes verwenden wollen.

Auch wenn Multitasking in unserer hektischen Welt von vielen Seiten gefordert wird: Es gibt zahlreiche Studien, die beweisen, dass wir schon zwei komplexe Aufgaben nicht gleichzeitig erledigen können. Wir können zwar Auto fahren und daneben reden, Wäsche bügeln und dabei einen Film ansehen.

Doch das funktioniert nur, wenn es sich dabei um jeweils eine manuelle und eine kognitive Tätigkeit handelt. Die manuelle Tätigkeit erfolgt meist automatisiert, ohne dass wir unser Bewusstsein dafür einschalten müssen. Wir können jedoch nicht ein Telefonat führen und gleichzeitig eine E-Mail schreiben oder in einem wichtigen Meeting sitzen und heimlich am Laptop eine Präsentation vorbereiten. Wenn wir das versuchen, wird eine der beiden Aufgaben unweigerlich darunter leiden.

Wenn man in die Hörsäle von Universitäten blickt, findet man nur wenige Studierende, die tatsächlich mitschreiben, mitdenken oder sich Notizen machen. Stattdessen werden SMS oder E-Mails versendet, Facebook-Postings oder Instagram-Bilder angesehen. Die Studenten und Studentinnen sind sich des Ausmaßes ihres Multitaskings gar nicht bewusst – es scheint, als wäre dieses Verhalten das Alltäglichste der Welt.

Das soll nun nicht heißen, dass das immer problematisch ist. Ich bin selbst schon in Seminaren gesessen, in denen ich – enttäuscht vom Vortrag und dementsprechend gelangweilt – meine E-Mails abgearbeitet habe, um meine wertvolle Lebenszeit besser zu nützen. Doch in einem solchen Fall ist es meine bewusste Entscheidung, wem ich meine goldenen Taler schenke. Wir sollten uns immer bewusst sein: Wer täglich ständig Multi-tasking betreibt, wird darin nicht besser, sondern trainiert sich eine Aufmerksamkeitsstörung[5] an! Die beginnt schon dabei, dass kaum jemand mehr einen längeren Zeitungsartikel bis zum Ende liest, weil die leiseste Ablenkung ihn unterbrechen lässt. Eine halbe Stunde oder Stunde lang nur einer einzigen Sache ungeteilte Aufmerksamkeit zu schenken scheint für viele extrem schwer, fast unmöglich zu sein.

Es ist ein ganz großes Missverständnis zu glauben, dass wir

zum Multitasking fähig sind. Menschen, die viele Dinge gleichzeitig erledigen, machen in Wahrheit nichts anderes, als den Arbeitsprozess in viele kleinste Schritte zu zerteilen und diese abwechselnd abzuarbeiten, indem sie von einem zum anderen springen. Darunter leidet aber unsere Gehirnleistung, der Arbeitsspeicher ist sozusagen voll ausgelastet und nicht in der Lage, sich Dinge zu merken.

Gönnen Sie Ihrem Gehirn mehr Zeit für nur jeweils eine einzige Sache. Betreiben Sie »unique focussing« anstatt Multitasking, das tut Ihrem Gehirn gut und macht es stärker und leistungsfähiger.

ENTLASTEN SIE GANZ GEZIELT IHR GEHIRN

DASS HEUTE SO VIELE – JUNGE WIE ÄLTERE – Menschen das Gefühl haben, sich nichts mehr merken zu können, ist eigentlich absurd. Unsere elektronischen Geräte, wie etwa Computer und Handy, sollten uns doch entlasten, wenn sie für uns Informationen aller Art speichern: Telefonnummern, Adressen, Arbeitsunterlagen jeder Art, Daten für die Buchhaltung, Kreditkartennummern, historische Jahreszahlen, die Geburtstage unserer Liebsten, berufliche und private Termine, Reiseunterlagen – sinnvolles und nutzloses Wissen. Unser Gehirn müsste also entlastet sein, frei, um sich das zu merken, was uns wichtig ist.

Im Idealfall ist dem auch so. An der University of California führten die Psychologen Storm und Stone einen Versuch durch, der die positiven Effekte des Abspeicherns auf dem PC zeigt.[6] Ein Teil der Probanden saß vor einem Computer und sollte zuerst eine Datei mit zehn Hauptwörtern lernen. Die Versuchsteilnehmer wurden gebeten, die Datei zu speichern. Erst dann bekamen sie eine zweite Datei mit weiteren Hauptwörtern zu lernen. Die zweite Gruppe sollte die erste Datei nicht abspeichern, sondern nur schließen. Unmittelbar danach wurden alle getestet, wie viele Wörter sie von der zweiten Datei memorieren konnten, erst dann wurden sie nach den Inhalten der ersten Datei gefragt.

Was meinen Sie, welche Gruppe sich mehr Wörter der zweiten Datei merken konnte? Richtig, es war jene Gruppe, die die erste Datei speichern durfte. Die Gewissheit, dass die erste Datei sicher verwahrt und jederzeit wieder abrufbar war, entlastete das Gehirn, und so konnten sie sich besser auf das Memorieren der zweiten Hauptwortgruppe konzentrieren.

Das bewusste Abspeichern von Inhalten am PC entlastet also, es schaufelt kognitive Ressourcen frei. Wir können diese dann für das Einprägen neuer Inhalte nutzen. Die beiden Autoren der Studie gehen sogar noch weiter: Sie meinen, dass wir unser Hirn noch besser für neue Ideen und das Lösen schwieriger Probleme nutzen können, wenn wir Wissen auf einem Gerät abspeichern, sozusagen »auslagern«. Ob man das tatsächlich aus diesem Experiment ableiten kann, sei dahingestellt.

Eines dürfte jedoch feststehen: Nur das bewusste Abspeichern von Inhalten auf dem PC hat diesen positiven Effekt. Gedankenloses Ablegen von Infos in diverse Clouds sicherlich nicht. Doch das ist es, was wir täglich tun. Wir überlassen unreflektiert viel zu Vieles unserem Computer, es ist ja auch verlockend und einfach und obendrein bequem. Sich die Geburtstage aller Familienmitglieder und Freunde zu merken ist schließlich mit ein wenig Anstrengung verbunden.

Es ist vor allem unser Langzeitgedächtnis, das leidet – das Kurzzeitgedächtnis nicht unbedingt. Wenn wir im Internet etwas nachschlagen, merken wir uns – meist! – die Information nur so lange, bis wir sie verwertet haben. Dann vergessen wir sie meistens wieder – wozu auch, die Information ist doch im Computer gespeichert!

Auch eine zweite Studie, nämlich die von Betsy Sparrow et al., scheint dies zu belegen.[7] Versuchspersonen, denen versichert wurde, bestimmte Informationen wären am PC gespeichert, erinnerten sich weniger gut an diese als an jene, von denen sie glaubten, sie würden nach dem Durchlesen gelöscht. Das bedeutet im Umkehrschluss: Wir erinnern uns am ehesten an vermeintlich nicht Gespeichertes!

Wenn Sie Ihr Gehirn in Schwung halten wollen, müssen Sie

jedoch auch Ihren Langzeitspeicher fit halten. Es gilt also, nicht alles wahllos dem Computer zu überantworten, sondern ganz bewusst zu entscheiden, was Sie in Ihrem »externen Speicher« ablegen und was Sie sich auf Dauer selbst merken wollen.
Und genau dafür möchte ich Ihnen Tipps mitgeben!

Infos für den Notfall – dies sollten Sie sich einprägen:

- die wichtigsten Telefonnummern, privat und beruflich;
- Ihre Passnummer;
- prägen Sie sich, wenn möglich, an jedem Morgen vor Arbeitsbeginn alle Termine des Tages ein.

Außerdem hilfreich:

- Ihre Bank- und Kreditkartennummer(n);
- Ihr »erweitertes« Telefonregister: Ihr Lieblingsrestaurant, Ihre Friseurin, Ihr Hausarzt, Zahnarzt etc.;
- die wichtigsten Passwörter, PIN-Codes etc.;
- Adressen von engen Freunden, Verwandten.

Ein Tipp zum Festigen Ihres Wissens: Schauen Sie nicht immer gleich im Internet nach. Bemühen Sie zuerst Ihr Gehirn. Wie heißt noch schnell der aktuelle UNO-Generalsekretär? Oder: Wie hieß dieser verträumte kleine Ort mit dem gemütlichen Marktplatz im letzten Urlaub? Zerbrechen Sie sich ruhig ein wenig den Kopf! Betrachten Sie es als ein Spiel und bleiben Sie gelassen. Je öfter Sie diese kleinen Übungen praktizieren, desto besser wird Ihr Gedächtnis. Erst wenn Sie gar nicht fündig werden, recher chieren Sie. Versuchen Sie, sich das eben Nachgeschlagene auch längerfristig zu merken. In Kapitel 3 finden Sie viele Methoden, die Ihnen dabei helfen werden.

Psychologen haben herausgefunden, dass sich Internetbenutzer selbst für klüger halten, als sie es tatsächlich sind.[8] Im Versuch wurden den Probanden auf den ersten Blick leichte, tatsächlich aber schwierig zu beantwortende Fragen gestellt, etwa warum es Mondphasen gibt oder wie Glas hergestellt wird. Die eine Hälfte der Befragten durfte die Antworten online nachschlagen, die andere Hälfte nicht. Danach befragten die Forscher sie zu anderen Themen. Diejenigen, die in der ersten Runde das Internet benutzt hatten, überschätzten ihr Wissen zu den neuen Fragen erheblich! Jene Probanden, die sich nur auf ihre Gehirnleistung verlassen durften, schätzten sich selbst deutlich realistischer ein. Welche Schlussfolgerung können wir daraus ziehen?

Wenn wir immer alles googeln, wird uns durch den ständigen Zugang zum Internet (»Hirn in der Handtasche«) nur noch selten bewusst, wenn wir etwas nicht wissen. Wir halten uns für klüger und finden es nicht für notwendig, uns Dinge (wieder) zu merken.

Studien zeigen, dass wir Dinge, die wir auf dem Computer speichern, schneller vergessen als scheinbar nicht Gespeichertes. Etwas bloß am PC abzulegen macht uns also nicht klüger, auch wenn wir das gerne glauben wollen.

Entscheiden Sie sehr sorgfältig, welche Informationen Sie getrost auf einem Gerät hinterlegen und welches Wissen Sie sich selbst merken wollen. Sie brauchen dann in Zukunft nicht so oft nachzuschlagen, und es ist auch ein wunderbares Training für Ihr Gehirn.

GÖNNEN SIE SICH EINE DIGITALE AUSZEIT

DAMIT WIR ERLEBNISSE VERARBEITEN KÖNNEN, braucht unser Hirn Zeit, und zwar Zeit, in der es sich nicht mit anderen Dingen beschäftigen muss. Es ist erwiesen, dass wir zum Beispiel nach dem Lernen Ruhe brauchen, damit sich Synapsen im Gehirn neu verschalten können und das Gelernte sich einen Platz suchen kann, von dem es für die Prüfung abrufbar ist. In einer Umfrage an dänischen Universitäten wurde festgestellt, dass das fachliche Niveau der Studentinnen und Studenten seit Jahren abnimmt.[9] Die Lehrenden klagen vor allem über fehlende grundlegende theoretische und methodische Fertigkeiten und darüber, dass das eigenständige sinnvolle Denken aus der Mode zu kommen scheint. Selbst das Lesen eines anspruchsvollen Buches oder das Verstehen von komplexen Zusammenhängen scheint schwierig geworden zu sein. Als Hauptursache werden die ständigen Ablenkungen durch die neuen Medien gesehen.

Vor allem Kinder und Jugendliche werden durch Handys und Computerspiele daran gehindert, schöpferische Pausen einzulegen. So fällt es ihnen schwerer, sich etwas zu merken oder aus einer Erfahrung neue Ideen zu schöpfen. Wenn das Gehirn ständig stimuliert wird, ständig mit neuen Reizen gefüttert wird, werden Verarbeitungsprozesse verhindert. Selbst die ständige Musikberieselung im Supermarkt oder Fitnesscenter hat Konsequenzen: Wir sind unkonzentrierter bei dem, was wir gerade tun, und wir überlasten unser Gehirn.

Schaffen Sie sich bewusst Auszeiten, damit Ihr Gehirn wieder fit wird. Hier dazu einige Hinweise.

Online- und Offline-Zeiten

Es gibt wohl nur ganz wenige Berufe, die es erforderlich machen, dass man Tag und Nacht erreichbar ist. In den meisten Fällen reicht es zumindest im Privatleben, wenn man ein oder zwei Mal täglich E-Mails und Social-Media-Konten bearbeitet. Vermerken Sie diese Zeiten auch in Ihrer Mail-Signatur – so wissen alle, wann sie mit einer Antwort von Ihnen rechnen können. Im Anhang finden Sie das gelungene Beispiel von whatchado-Boss Ali Mahlodji für eine solche Signatur.

Alarmfunktionen ausschalten

Sowohl Computer als auch Handy haben eine Funktion, die das Einlangen einer neuen Nachricht anzeigt. Sobald Sie das Signal wahrnehmen, ist es doch zu verlockend nachzusehen! Wie bei einem Juckreiz kann man nicht anders, man muss die E-Mail einfach öffnen. Schalten Sie diese Funktion ab.

Spazierengehen

Sorgen Sie dafür, dass Ihr Gehirn zur Ruhe kommt und gleichzeitig frischen Sauerstoff tankt. Eine Studie der University of Michigan[10] zeigt, dass eine kleine Wanderung in der freien Natur zu besseren Lernergebnissen führt als ein Spaziergang in der Stadt. In der Natur ist man viel weniger sensorischen Reizen ausgesetzt. Das erklärt auch, warum Kinder, die sich gleich nach der Schule vor den Fernseher setzen, ein deutlich schlechteres Merkvermögen haben. Das in der Schule Gelernte konkurriert mit den Eindrücken aus dem Fernseher. Versuchen Sie, es so einzurichten, dass Sie sich Freiraum schaffen, immer dann, wenn

Sie gerade etwas gelernt oder etwas Aufregendes oder Bemerkenswertes erlebt haben. Weil dieses »Freiraum schaffen« in der Natur so besonders wirkungsvoll ist, finden Sie in Kapitel 4 noch weitere faszinierende Erkenntnisse dazu.

Schlaf

Die wohl effizienteste Pause für das Gehirn ist der Schlaf. In bestimmten Schlafphasen verarbeitet das Gehirn kognitive und auch psychische Erlebnisse. Auch dazu später im Kapitel 4 noch viele interessante Informationen und Anregungen. Ein wichtiger Punkt allerdings sofort: Das Handy hat neben dem Bett nichts verloren! Eine Umfrage unter mehr als 1600 belgischen Schülern zwischen 13 und fast 17 Jahren ergab: Wer sein Handy mehr als einmal wöchentlich noch benutzte, nachdem er abends das Licht ausgeschaltet hatte, war mit fünfmal höherer Wahrscheinlichkeit am nächsten Tag sehr müde.[11] Und die Ausrede »Aber das brauche ich ja als meinen Wecker« – die gilt nicht. Einen batteriebetriebenen herkömmlichen Wecker gibt es für wenig Geld in jedem Baumarkt oder Haushaltsgeschäft.

Gönnen Sie Ihrem Hirn handyfreie Zeiten und sich selbst schöpferische Pausen, wann immer dies möglich ist. Genießen Sie das Gefühl, offline zu sein!

Lesen Sie nicht alles nur am Bildschirm

SMS und Social-Media-Postings lesen wir meist auf dem Handy, E-Mails, Berichte, PowerPoint-Präsentationen und Rechercheergebnisse im Internet auf dem PC, das eine oder andere Buch auch auf dem E-Book-Reader. Und wenn wir im Büro den Bildschirm endlich abschalten, drehen wir daheim am Abend andere Bildschirme gleich wieder auf: den Fernseher oder den privaten PC. Es scheint, als würden wir unsere Augen gar nicht mehr von den Flimmerkisten wegbekommen.

Es tut Ihrem Gehirn in mehrfacher Hinsicht gut, Pausen von der digitalen Welt einzulegen. Denn abgesehen davon, dass das Lesen vom Bildschirm für unsere Augen anstrengender ist als das Lesen auf Papier, ist auch unser Gehirn dankbar für diese Abwechslung. Der Neurowissenschaftler Christian Holst hat im Jahr 2012 dazu eine Studie durchgeführt.[12] Probanden sollten sich 100 bekannte und unbekannte Logo-Werbebotschaft-Kombinationen merken. 50 wurden ihnen auf Papier, 50 auf dem Bildschirm präsentiert. Während der anschließenden Lerntests wurde der Lernerfolg abgefragt. Sowohl beim Lernen als auch bei der Wiedergabe wurde die Aktivierung der verschiedenen Hirnareale gemessen und verglichen. Das Ergebnis: Gedrucktes wirkt nachhaltiger und bleibt auch länger im Gedächtnis. Die Messungen der Hirnaktivitäten zeigten, dass das Lernen vom Papier eine intensivere Leistung darstellt als das Lernen vom Bildschirm. Beim Erinnern werden mehrere Areale im Gehirn aktiviert, nämlich auch jene, die beim Ertasten und Berühren eine Rolle spielen. Wir können annehmen, dass diese haptischen Reize die Gedächtnisleistung unterstützen.

Nun mag man einwenden, dass es ziemlich umweltbelastend ist, alles, was man lesen möchte, auszudrucken. Ich denke, wie fast immer ist es eine Frage der passenden Dosierung. Es käme wohl niemand auf die Idee, sich jede E-Mail auszudrucken. Wenn Sie jedoch einen schwierigen Text zu lesen – oder gar zu lernen – haben, bringt Ihnen ein Ausdruck auf jeden Fall Vorteile.

Auch für die Frage »E-Book oder konventionelles Buch?« gilt meiner Meinung nach: gewusst wann und wo. Ich liebe Bücher, ich war von Kind an ein Bücherwurm. Es gehört zu meinen schönsten Kindheitserinnerungen, mich auf unserem großen Apfelbaum zu verstecken und in meinem Lieblingsbuch zu versinken … und so nicht für diverse Dienste wie Einkaufen gehen oder die kleine Schwester hüten verfügbar zu sein. Es ist auch heute noch ein lieb gewonnenes Ritual für mich, am Nachttisch zumindest ein Buch liegen zu haben und es abends vor dem Einschlafen zur Hand zu nehmen. Hier noch auf dem hellen Bildschirm eines elektronischen Lesegeräts zu lesen wäre – zumindest für mich – nicht vorstellbar.

Und doch bin ich mir bewusst, dass die Erfindung des E-Books auch viele Vorteile mit sich gebracht hat. E-Books sind perfekte Begleiter auf einer längeren Reise und liefern die gesamte Ferienlektüre auf einem einzigen kleinen Gerät. Ein weiterer Vorteil von E-Books – natürlich auch von Tablet-PCs und Smartphones – gegenüber gedruckten Büchern ist die Tatsache, dass man problemlos die Schriftgröße ändern kann. Gerade für Menschen mit einer Sehbehinderung kann ein E-Reader eine wesentliche Verbesserung des Leseerlebnisses bieten.

Der größte Vorteil des E-Books ist für mich (als nicht immer geduldigste Person) jedoch seine rasche Verfügbarkeit. Mein Schlüsselerlebnis dazu hatte ich auf unserer Reise durch Kuba Anfang 2015. Wir wandelten auf Hemingways Spuren und besuchten auch das Fischerdorf Cojímar, das sechs Kilometer östlich von Havanna liegt. Hier entstand Hemingways Novelle *The Old Man And The Sea* – und ich bekam unbändige Lust, dieses Buch (wieder einmal) zu lesen. Ein paar Mausklicks später im Hotel konnte ich bereits in diese Geschichte eintauchen.

Trotzdem: Die Seiten eines Buches beim Umblättern zu spüren, wahrzunehmen, wie dick der schon gelesene und der noch vor einem liegende Teil ist – all das hat seine Qualität und würde mir fehlen, wenn ich Bücher nur mehr in ihrer elektronischen Form lesen würde.

Auch das Schreiben mit der Hand auf Papier statt auf dem Computer bietet Vorteile: Handschrift hilft in besonderem Maß beim Lernen. Forscher der Princeton University und der Universität von Kalifornien haben drei Studien durchgeführt, die alle zeigen, dass Studenten, die sich in Vorlesungen Notizen auf dem Laptop machten, bei Leistungstests schlechter abschnitten als diejenigen, die mit der Hand mitschrieben. Erstaunlich, nicht wahr?

Der Grund ist einleuchtend: Wer mit der Hand schreibt, wählt schon vorher im Geist aus und notiert nur das Wesentliche. Auf dem Laptop schreiben heute die meisten Menschen viel schneller drauflos. Man notiert wahllos – und beraubt sich so eines wichtigen Lerneffekts. Wenn Sie in handschriftlichen Notizen das eben Gehörte zusammenfassen und auf den Punkt gebracht notieren, haben Sie bereits einen Teil des Lernens erledigt. Mehr zu dieser Studie und weiteren Phänomenen des Schreibens mit der Hand in Kapitel 4.

Lesen vom Bildschirm ist nicht nur für das Auge anstrengender, es bietet auch dem Gehirn wenig Abwechslung und fördert nicht eben den Lerneffekt. Bemühen Sie sich daher um Gelegenheiten, auf Papier zu lesen und zu schreiben. Das schafft Abwechslung für Ihr Gehirn.

SPIELEN SIE, DOCH SPIELEN SIE SCHLAU

IN DER U-BAHN, IM WARTEZIMMER, im Kinderzimmer, am Schreibtisch – Computerspiele lassen sich überall spielen. Sie verkürzen die Wartezeit, vertreiben Langeweile und machen Spaß. Und doch stehen sie auch in der Kritik. In seinem Buch *Digitale Demenz* verurteilt der deutsche Psychiater und Psychologe Manfred Spitzer das Computerspiel vor allem für Kinder. In einem Interview sagt er: »Bei Kindern werden ganz wichtige Akzente für die gesamte Gehirnentwicklung gesetzt. Spiel an sich spielt da eine große Rolle. Denn der Sinn ist es, die reale Welt zu trainieren und zu lernen, sich im Griff zu haben. Von einem Nintendo hat niemand etwas, außer der Hersteller.«[13]

Die schöne neue Spielewelt rundweg zu verteufeln ist für mich kein guter Weg. Nicht zuletzt deshalb, weil wir durch den bewussten Umgang mit ihr unseren kleinen grauen Zellen auch sehr viel Gutes tun können. Computerspiele sind besser als ihr Ruf, man muss nur die richtigen auswählen. Wie es bei herkömmlichen Spielen wertvolle und weniger sinnvolle gibt, ist es hier genauso.

In puncto Gehirntraining haben Lernspiele die Nase vorn. Man spricht auch von »Edutainment«, was die Kombination von Bildung und Unterhaltung meint. Dass Spaß beim Lernen die Gedächtnisleistung klar verbessert, ist mittlerweile erwiesen. Die millionenfach aufgerufenen Lernvideos von »Norman fait des videos« auf YouTube sind ein schönes Beispiel, wie man jungen Menschen das Pauken von Französisch-Vokabeln versüßen kann. Auch die Lernvideos der Khan-Academy, die es für alle möglichen Fragen zu Mathematik, Chemie, Biologie und anderen Themengebieten kostenfrei anzuschauen gibt, sind ganz wunderbar.

Nicht nur Lernspiele und -videos helfen unserem Gehirn, sich Dinge besser und leichter zu merken. Es gibt mittlerweile eine Reihe von Untersuchungen über die Effekte von Computerspielen generell. Die Ergebnisse sind erstaunlich. So hat eine Forschergruppe rund um Craig Stark und Dane Clemenson an der UCI festgestellt, dass 3D-Spiele die Gedächtnisleistung[14] fördern. Sie ließen zwei Gruppen von Studenten zwei Wochen lang täglich eine halbe Stunde »Super Mario« bzw. »Angry Birds« spielen – das erste ist ein 3D-, das zweite ein zweidimensionales Spiel. Vor und nach diesen zwei Wochen unterzogen sie die Studenten Gedächtnistests. Die 3D-Gruppe konnte ihre Leistung durch das tägliche Spielen um 12 Prozent verbessern, die andere nicht. Das entspricht ziemlich genau dem Leistungsverlust unseres Gehirns zwischen dem Alter von 45 und 70 Jahren! Wer weiß, vielleicht ziehen solche Spiele bald in den Alltag von Demenzkranken ein, um ihre Gehirnleistung wieder zu verbessern – zumindest ist das die Hoffnung der Wissenschaftler.

Berliner Forscher wiederum haben festgestellt, dass Videospiele bestimmte Regionen im Hirn trainieren, die für das räumliche Denken eine wichtige Rolle spielen: Tetris, Minesweeper und andere Spiele führen nachweislich zu besserer räumlicher Orientierung. Doch nicht alle Spiele wirken gleichermaßen. Action-basierte Rollenspiele zeigen deutlich weniger Effekt.[15]

Vor allem den Strategiespielen wird nachgesagt, dass sie den präfrontalen Cortex aktivieren, jener Hirnbereich hinter der Stirn, der verantwortlich ist für unser höheres Denken. Ist dieses Hirnareal gut trainiert, können unsere Denkprozesse besser kontrolliert werden und das wiederum beeinflusst positiv unser Handeln und unsere Emotionen. Mit einem Wort: Die Selbstdisziplin wird gefördert. Ist es nicht erstaunlich, dass ausgerechnet Computerspiele solche Effekte haben? Darüber hinaus schulen Strategiespiele unsere Reaktionsgeschwindigkeit, die Konzentration, motorische und – bei Rollenspielen – auch gewisse soziale Fähigkeiten.

Das soll aber nicht heißen, dass Sie sich täglich der Spielewelt hingeben sollen. Im Gegenteil: Achten Sie sorgsam darauf, was Sie spielen, wie oft und vor allem zu welchem Zweck. Wollen Sie etwas Spezielles lernen? Suchen Sie nach geeigneten Lernspielen? Wollen Sie Ihr Gehirn ganz allgemein weiterentwickeln? Stellen Sie sich die entscheidende Frage: Kann ich dies oder jenes besser mit dem Smartphone spielen oder gibt es dafür auch eine analoge Variante?

Alles in allem sollten wir nicht zu (und vor allem ausschließlich) pessimistisch sein, was die Wirkung von Computerspielen auf unsere Kinder und auch auf uns Erwachsene angeht. Auch Bedrohungsspiele hat es immer schon gegeben, wie der Medienpsychologe Peter Vitouch in einer Radiosendung über das »medialisierte Kind« sagt.[16] Denken wir nur an die beliebten »Indianer und Cowboy«- oder »Räuber und Gendarm«-Spiele. Ein Kind lernt hier spielerisch, mit Gefahren umzugehen und die eigene Angst zu bewältigen. Heute gibt es eben auch Computerspiele, wo es das lernen kann. Es ist für ein Kind ein gutes Gefühl, kompetent zu sein. Das alles Entscheidende ist auch hier wieder die kluge Dosis.

Angst, so meint Vitouch, sei so alt wie die Menschheit. Seine Großmutter hatte Angst, dass er – ihr Enkelkind – »dumm im Kopf« würde, weil er ständig seine Nase in Bücher steckte.

Heute freuen sich Eltern, wenn ihre Kinder viel lesen, dafür fürchten sie, dass der Computer sie dumm macht. Was wird die nächste und übernächste Generation für Ängste haben? Ich denke, wir können getrost ein bisschen entspannter sein. Mit den neuen Medien steht mit Sicherheit noch nicht der Weltuntergang bevor!

Wenn Sie über den Einfluss der Digitalisierung auf das Leben von Kindern und Jugendlichen mehr wissen wollen, kann ich Ihnen das Buch *Generation Smartphone* von Pia Zimmermann ans Herz legen. Sie lehrte und forschte zu Digitalem Lernen und Game Design in Deutschland, der Schweiz und den USA und ist Mutter zweier Kinder.

Computerspiele sind mit Sicherheit nicht die große Gefahr für unsere Intelligenz und die unserer Kinder. Selbstverständlich ist nicht jedes Spiel gleich sinnvoll – wie auch konventionelle Spiele nicht alle pädagogisch gleich wertvoll sind. Treffen Sie eine kluge Wahl und spielen Sie mit Maß und Ziel.

EXKURS: EIN INTERVIEW MIT WHATCHADO-GRÜNDER ALI MAHLODJI

NOVEMBER 2016. ALI MAHLODJI, MITTE 30 und voll sprühender Energie, bittet mich in ein Besprechungszimmer, wo wir unser vereinbartes Interview führen werden.

Ali Mahlodji ist Co-Founder und CEO von watchado.com, eines Karriereportals der ganz besonderen Art. Es präsentiert Lebensgeschichten, wo Menschen aus der ganzen Welt – vom Präsidenten bis zum Nachbarn von nebenan – anhand von Videointerviews erzählen, wer sie sind, was sie tun und wie sie zu dem wurden, was sie heute sind. In seinen Vorträgen inspiriert er seine Zuhörer, indem er ihnen zeigt, worauf es im Leben, im Business und im schnellen Wandel der Welt ankommt. Er wird auch gerne eingeladen, seine eigene Lebensgeschichte – vom Flüchtling und Schulabbrecher zum international mehrfach ausgezeichneten StartUp-Gründer und EU-Jugendbotschafter – zu erzählen.

Ali gehört ganz bestimmt zu den Menschen, für die Smartphone & Co. die selbstverständlichste Sache der Welt ist. Er ist Internetpionier und er nutzt das Netz dementsprechend. Umso mehr haben mich seine Antworten auf meine Fragen überrascht. Und als er am Ende unseres Gesprächs auch noch seinen wichtigsten Begleiter aus der Tasche zog, war ich kurz sprachlos. Nein, es war kein Smartphone oder Tablet. Er holte ein schwarzes Buch hervor, in dem er handschriftlich(!) seinen Arbeitsalltag plant, festhält und organisiert. Was für ein bemerkenswerter junger Mensch!

Mit seiner Einwilligung darf ich an dieser Stelle das Gespräch (gekürzt) wiedergeben. Möge es Sie genauso inspirieren, wie es das mich getan hat!

Lieber Ali, in den 13 Jahren, die seit Erscheinen meines ersten Buches vergangen sind, hat sich sehr viel getan in Bezug auf unser Gedächtnis. Wie siehst du diese Veränderung?

Vor 13 Jahren, da war ich 22. Ich hatte damals schon ein Smartphone. Natürlich kein solches wie heute, aber es war ein Handy, Mobile Phone XY. Es hatte schon einen farbigen Bildschirm mit vier Farben, man konnte darauf Snake spielen. Und es gab auch schon Internet; das hieß damals WAP. Man konnte gewisse Seiten ansurfen; aber das hat ewig gedauert. Es war eine Welt, wo noch telefoniert und SMS geschrieben wurden.

Aber du warst damals schon ganz vorn mit dabei; also schon sehr technikaffin.

Als Kind war ich immer schon sehr neugierig. Ich wollte Indiana Jones sein, mit WalkieTalkie wie ein Geheimagent. Es war so cool, du konntest immer erreichbar sein.

Seit damals hat sich SEHR viel getan ...

Ich war heute früh bei Microsoft. Das Thema: digitale Veränderung. Früher einmal hatten wir viele Geräte: Kamera, Computer, Uhr usw. Die Handyentwicklung hat dazu geführt, dass wir jetzt alle diese Geräte in ein einziges packen können. Und auch zu einem leistbaren Preis! Der Konsument ist dazu erzogen worden, Geld auszugeben für den Vorteil, immer erreichbar zu sein. Diese Erreichbarkeit hat uns zu Sklaven gemacht – und das ist nicht vergleichbar mit der Situation wie vor zehn Jahren. Wir haben alles ausgelagert an diese Smartphones. Es geht heute auch nicht mehr darum, sich Wissen anzueignen – die Leute sind stolz drauf, wenn sie einfach nur wissen, wo sie nachsehen müssen.

Wir sind sehr offen unterwegs in dieser Richtung »digitale Medien«. Wir saugen alles Neue – zum Teil auch unkritisch – auf. Erst langsam beginnt ein Umdenken, und wir fragen uns: Ist es wirklich so »cool«, alles auszulagern? Wird es vielleicht auch wieder »sexy« werden, einiges auch (wieder) selbst zu wissen?

Wir sind die erste Generation, die mit dem Smartphone aufwächst. Mobile Phones, wie wir sie heute kennen, gab es vor zehn Jahren noch nicht. Wir sind die Generation, die all die Fehler machen muss, von denen die nächste dann lernen kann. Zum Beispiel zu sagen: »Oh – es gibt Google, ich kann alles nachschauen.« Und dann im Umkehrschluss zu meinen: Ich muss nichts mehr wissen. Wir können aber nicht alles auslagern – es gibt Dinge, die wir einfach wissen müssen.

Was sind das für Dinge deiner Meinung nach, die wir nicht unbedingt wissen müssen?

Nehmen wir zum Beispiel die Einwohnerzahl von Lettland. Wenn ich die brauche, rufe ich sie ab. Aber es gibt schon Dinge, die ich wissen muss – Wichtiges zu der Welt, in der ich jetzt lebe. Wie schaut es geopolitisch auf unserer Welt aus, wer ist jetzt wo gerade an der Macht. Dann gibt es auch Dinge, die mein Gehirn am Laufen halten, wie Telefonnummern zum Beispiel, das wäre praktisch. Aber für diese Bequemlichkeit, dass wir diese Maschine da oben, sprich: Gehirn, nicht mehr anwerfen müssen, dafür bezahlen wir den Preis. Wissen auszulagern ist O.K. – aber wir lagern ja auch das DENKEN aus. Wir denken nicht mehr, wir nehmen uns nicht mehr die Zeit, uns Dinge anzuschauen. Früher haben wir uns mehr angestrengt, um uns die Namen von Menschen zu merken. Und heute: Wir sind ja über Facebook oder Xing verknüpft, da kann ich ja jederzeit nachschauen. Ich gehe davon aus, dass wir erst in zehn Jahren den richtigen Umgang mit den neuen Geräten gelernt haben werden. Wenn wir wissen: Die Maschine unterstützt uns, aber sie ist nicht allmächtig.

Aktuell gehen wir aber in diese Richtung, dass wir alle scheinbar ohnmächtig sind. Wenn Menschen ihr Handy verlieren, kriegen sie Panik: meine Fotos sind weg, alle meine Kontakte …! Sie sind total abhängig von ihrem Handy, wie Süchtige.

Thema Sucht: Wie geht es dir mit Social Media, zum Beispiel Facebook?

Ich verwende Facebook nur mehr als Marketing-Tool. Am Anfang hatte ich viel Privates gepostet, das mache ich jetzt überhaupt nicht mehr. Es bringt einen in eine Abhängigkeit – zu schauen, ob andere Menschen das mögen, was ich poste oder nicht. Das ist wirklich gefährlich! Und ich muss mich fragen: Wie schafft das Facebook? Dort arbeiten Hunderte der talentiertesten Leute: Programmierer, Mathematiker widmen sich da einer Plattform, die dein Gehirn knacken will. Und die dich zum Beispiel dann abholt, wenn du am müdesten bist.

Ich lese auf Facebook fast nichts mehr. Ich schau immer nur ganz kurz, poste selbst etwas und bin wieder weg. Vielleicht auch noch, wenn es wirklich darum geht, mit Freunden in Kontakt zu bleiben. Ich glaube, dass die Generationen erst lernen werden,

Facebook als nützliches Tool zu verwenden. Viele Menschen sehen die Timeline dort und glauben, das ist die Welt. Sie verstehen aber nicht, dass da ein Algorithmus bestimmt, was wir sehen, in welchem Verhältnis und in welchen Abständen.

Vom Verhaltensforscher B. F. Skinner stammt das Konzept der »random rewards« – der zufälligen Belohnungen. Er machte dieses Experiment mit zwei Gruppen von Mäusen in einem Käfig. Bei Gruppe 1 kommt immer dieselbe Belohnung, also Futter, wenn sie einen Hebel betätigt. Bei Gruppe 2 kommt manchmal gar nichts, manchmal aber auch sehr viel – nach dem Zufallsprinzip. Die Folge: Gruppe 2 betätigt den Hebel signifikant öfter. Das ist doch das, was bei Facebook passiert, oder?

Die Neugierde ist die treibende Kraft in unserem Gehirn. Die haben wir eingebaut. Unternehmen wie Facebook wissen das. Ich hab dort einmal Folgendes gesehen: Ich poste einen Artikel und sehe, dass schon zehn Menschen reagieren. Ich denke: cool, und gehe wieder raus. Ein bisschen später bekomme ich die Meldung, dass *jetzt* ein erster Freund etwas dazu gepostet hätte. Das heißt, Facebook entscheidet über das Timing und zeigt dir nicht auf einmal an, was sich tut. Daher: Immer wenn du draufschaust, ist irgendetwas los. Und das ist nichts, womit die Leute glücklicher werden.

Ich habe das an mir selbst bemerkt, als ich mir einen Facebook-Account vor etwa eineinhalb Jahren eingerichtet habe – wie du, als Marketing-Tool für mein Standbein als Speakerin und Vortragende. Ich hatte beim »Ersten österreichischen Speaker Slam« einen Preis gewonnen und dachte mir: Jetzt *musst* du einfach auch in diese Welt der Social Media einsteigen. Ich hatte das Facebook-Icon zunächst auf meiner Startseite,

und immer wieder kamen dann diese kleinen roten Kreise rechts oben mit Zahlen drinnen, die aufzeigten, wie viel neue Meldungen es gab. Natürlich schaut man dann nach ... Nach ein paar Wochen war mir klar: So nicht – dafür möchte ich meine Lebenszeit nicht hergeben. Also habe ich das Facebook-Icon auf die zweite Seite verbannt, und diese Benachrichtigungsfunktion ausgeschaltet. Kleine Ursache – aber große Wirkung!

Bei mir ist das genauso. Ich habe einen Ordner für Social Media – und da sind alle Benachrichtigungsfunktionen deaktiviert. Einzig die der SMS und von WhatsApp nicht – die verwende ich für meine Kommunikation.

Könntest du dir einen Urlaub vorstellen, wo du einen Batteriewecker, einen Player für deine Musik und eine Kamera mitnimmst und dein Smartphone daheim lässt?

Also, ich hab genau so was letztes Jahr für zehn Tage gemacht. Ein Schweigeseminar – ich hatte wirklich einen Ikea-Wecker mit und keinen iPod, denn es gab dort zehn Tage lang keine Musik, kein Buch, kein Heft zum Reinschreiben, keinen Laptop, nicht reden, nur meditieren.

Wie ist es dir da ergangen?

Traumhaft ... am zweiten oder spätestens am dritten Tag habe ich wirklich nichts mehr vermisst. Ich wollte nur erreichbar sein, falls meiner Familie etwas passieren würde. Und aus diesem Grund habe ich meiner Mutter, meinem Bruder und meiner Freundin die Nummer von diesem Meditationszentrum gegeben, wo sie anrufen konnten. Damit war das erledigt. Nach zehn Tagen fiel es mir schwer, mein Smartphone wieder einzuschalten. Ich hab es erst wieder getan, als ich im Zug nach Wien war.

Ich hab mir dann ein altes Nokia-Handy zugelegt, da sind vier Nummern drauf – von meiner Familie und einem lieben Freund. Das hat eine Wertkarte, ich kann telefonieren oder SMS schreiben, und am Abend kommt nur das mit.

Das heißt, du bist in dieser »Selbsterziehung« schon sehr weit.

Ja, denn ich habe auch schon die andere Seite erlebt – ich hatte einen Nervenzusammenbruch vor ein paar Jahren. Wir haben heute eine Welt, die kein Maß kennt. Wir sind die ersten, die damit konfrontiert werden. Wir haben E-Mails, Internet, Facebook … Und wir haben niemals gelernt, damit umzugehen.

Wie könnte man den Schülern und Schülerinnen das beibringen?

Wichtig ist, dass Eltern und Lehrer beginnen, sich Informationen *mit* den Jugendlichen anzusehen. Damit sie Social Media etc. auch selber verstehen. Und – dass sie sich die richtigen Fragen stellen. *Was* genau will ich jetzt wissen? Was ist das Ziel meiner Suche? Ein Tipp wäre, nur dann im Internet zu surfen, wenn man volle Energie hat. Wenn man müde ist, kippt man schnell weg. Viele Menschen haben ihr E-Mail-Programm immer offen. Ich schau einmal am Tag in meine Mails, maximal zwei Mal. Denn die Qualität meiner Arbeit wird sonst nicht besser; ich werde immer abgelenkt. Ich habe viele Kollegen, die haben ihr Mailprogramm am PC daneben offen, und wenn dann eine Mail aufploppt, sind sie schon dort …

Kennst du die »Digitaltherapeutin« Anitra Eggler? Die schlägt ja »E-Mail-Öffnungszeiten« vor, die man in seiner Signatur kommunizieren kann.

Ja, natürlich kenne ich sie – und ich habe so einen Hinweis bis vor einem halben Jahr auch in meiner Signatur gehabt. Ich hab's dann wieder rausgenommen, als ich auf Urlaub ging und einen anderen Text hineinstellte. Übrigens, gute Idee … werde ich bei mir wieder einrichten.[17]

Was sind für dich die drei wichtigsten Apps oder Tools am Handy?

Die wichtigste App für mich ist – die Uhr. Ich beginne jeden Tag in der Früh mit zwei Dingen: Ich stell meinen (Batterie!)-Wecker auf circa 5:30 Uhr, stehe auf, und bevor ich irgendetwas anderes mache, gehe ich ins Wohnzimmer, setze meine Kopfhörer auf, die Schall absorbieren. Dann gehe ich am Smartphone bei der Stoppuhr auf »Start« und mache ganz bestimmte Atemübungen – Einatmen – Pause – Ausatmen, circa drei Minuten lang, dafür brauche ich die Uhr-App. Sie ist die wichtigste App für mich, weil sie mich total ins Jetzt bringt. Wenn du ein Gefühl für Zeit hast, beginnst du auch anders zu leben.

Meine nächste Lieblingsapp ist Spotify – mit einer Playlist von Liedern, die mich in einen speziellen Gefühlszustand bringen, je nachdem, ob ich einen Vortrag vor mir habe oder mich im Flugzeug vor dem Start befinde, oder ob ich Musik brauche, um mich aufzubauen. Meine Musik, meine Playlisten habe ich mir zusammengestellt, um meine »Emotionswelt« zu managen. Also – nach der Uhr – ist diese Musikapp meine zweite Lieblingsapp und als dritte … das wäre aktuell eine Lauf-App.

Und zum Telefonieren würde dir ein Uralthandy reichen?

Selbstverständlich. Mein Smartphone ist eher mein Computer; hätte ich keine Präsentationen, würde ich gar keinen anderen mehr brauchen. Es ist mein PC in der Hosentasche.

Abschließende Frage zum Thema »Gedächtnis«: Hast du das Gefühl, dass sich dein Gedächtnis verschlechtert hat, seitdem es Smartphones gibt?

Ich weiß, dass ich mir sicher am Anfang Faulheit erlaubt habe in der Meinung, dass es cooles, smartes Arbeiten ermöglicht. Aber weil ich dann gemerkt habe, wie ich alles – auch persönliche Bestätigung – immer da drinnen, auf meinem Smartphone, gesucht habe, habe ich vor ein paar Monaten mit einem Mentaltraining begonnen.

Mein wichtigstes Ziel aktuell in meinem Leben, meine neue Berufung ist: zu verstehen, wie wir funktionieren – mit unserem Gehirn, unseren Emotionen. Und dann an mir zu arbeiten, mich selber zu trainieren, mein Gehirn, meine Emotionen, mein Wissen so zu nutzen, dass ich echtes Wissen und echte Weisheit aufbauen kann. Und das Ding (= Smartphone) verwende ich dabei als meine Unterstützung.

Aber das *Denken*, das mach ich nicht damit. Das mach ich so … *(nimmt ein ledergebundenes schwarzes Buch heraus, in das er täglich hineinschreibt, Überblickspläne macht etc.)*. Das war zum Beispiel heute früh; das hier gestern … Die Handschrift ist das, was mich mit meiner Arbeitswelt verbindet. Das habe ich früher alles am Laptop gemacht. Außerdem – mit der Hand kann ich auch denken.

Du bist schon sehr weit auf diesem Weg zum smarten Umgang mit dem Smartphone ...

Ja, weil ich einmal zusammengebrochen bin, komplett gecrasht sozusagen, mit Panikattacken usw. Und ich hab gesagt – das will ich nie mehr erleben.

Lieber Ali, danke für dieses bereichernde Gespräch. Ich konnte vieles von dir lernen!

3 | TRAINIEREN SIE IHR GEHIRN MIT IHREM PERSÖNLICHEN MEMO-COACH

ES WAR AN EINEM SONNTAGVORMITTAG ANFANG 2016. Liebe Freunde hatten zu einem Brunch geladen, und weil das neue Jahr so jungfräulich vor uns lag, hatte der Gastgeber plötzlich die Idee, jeder Gast sollte über seinen Wunsch, sein Ziel in diesem Jahr reden. Ich überlegte kurz ... Am Tag zuvor war ich über eine Ankündigung gestolpert: die »World Memory Championships«. Ich hatte zuletzt 2004 in Manchester daran teilgenommen, diesmal würden sie Ende Dezember 2016 in Singapur ausgetragen werden. Sollte ich es wagen, dort noch einmal anzutreten? Und vor allem: es hier auch gleich ankündigen? Spontan, aus dem Bauch heraus, entschied ich mich dafür – und das Aussprechen des Zieles war der Startschuss für ein Abenteuer, das mein Leben bereichert hat. Ich kehrte mit dem Titel »Senior World Memory Champion« aus Singapur zurück.

Ab Juli begann ich gezielt zu trainieren. Die Methoden, die wir im folgenden Kapitel gemeinsam ausprobieren, haben mich auf diesem Weg begleitet.

UNSER GEHIRN IST WIE EIN MUSKEL: Wird es nicht regelmäßig gefordert, wird es träge und faul. Jede Fähigkeit, die wir nicht mehr trainieren, verkümmert früher oder später. Zu Konzentrationsproblemen, die unter anderem das ständige Gebimmel des Handys mit sich bringt, kommen auch noch Vergesslichkeit und vielleicht sogar ein negatives Selbstbild dazu. Wie können wir unseren »Muskel namens Gehirn« fit und in Form halten?

Im nun folgenden Kapitel möchte ich gern Ihr ganz persönlicher Memo-Coach sein. Ich lade Sie in ein »geistiges Fitness-Studio« ein, wo Sie die Möglichkeit haben, nach Lust und Laune Ihr Oberstübchen in Schwung zu bringen.

Doch keine Angst – wie versprochen, geht es hier nicht um schweißtreibendes »Gehirn-Jogging«. Sie erinnern sich an unser Motto, angelehnt an die Initialen meines Namens? LMS – das steht für »Lernen & Merken mit System«. Oder noch einfacher: LMS – (lebenslanges) »Lernen macht Spaß«.

Im ersten Raum dieses Studios gibt es das wichtigste Trainingsgerät für verblüffende Gedächtnisleistungen schlechthin, die sogenannte *Loci-Methode*. Mit der haben sich Redner im antiken Griechenland ihre oft stundenlangen Reden gemerkt. Sie wird auch heute noch benutzt und ist die Grundlage für sämtliche Weltrekorde im Merken von Zahlen, Wörtern, Spielkarten oder Ähnlichem.

In unserem Fitness-Studio gibt es auch den Bereich »Brain To Go«. Genauso wie ich für meine körperliche Beweglichkeit kleine Trainingseinheiten so oft wie möglich in meinen Alltag integriere (siehe auch weiter hinten das Kapitel »Bewegung bringt den Geist in Schwung«) tue ich das auch für das Üben meiner grauen Zellen. Hier möchte ich Ihnen Anregungen mitgeben, wie Sie Ihr Gedächtnis im täglichen Alltag fordern und damit auch fördern können – sei es durch das Merken eines Einkaufszettels oder das diebstahlsichere Speichern von PIN-Codes oder Passwörtern (im Kopf!), oder das bewusste Aufnehmen und Einprägen des Namens eines Menschen, den Sie neu kennenlernen – ganz nach dem Motto »A name a day keeps Alzheimer away«.

Auf der Suche nach lohnenden Trainingseinheiten begebe ich mich auch gerne in Bereiche, in denen wir uns auf kreative, *merk*-würdige Weise Überblickswissen aneignen oder versunkenes Wissen wieder herholen können – sei dies nun auf dem Gebiet der Geografie, Geschichte oder Musik. Damit schlagen wir mehrere Fliegen mit einer Klappe: Wir können unser analoges Wissensnetz vergrößern – werden somit wieder ein Stückchen unabhängiger von digitalen Speichermedien – und wir halten zugleich unser Gedächtnis fit.

In diesem geistigen Fitness-Studio gibt es noch mehr Räume, die alle die Aufschrift »Wissen To Go« tragen. Doch dazu später mehr. Sie können dort »Geschichtliche Liegestützen« oder »Geografische Klimmzüge« vollführen, oder auch bei »Musikalischen Muskelspielen« Ihre Fantasie und Merkfähigkeit erhöhen. Mittlerweile habe ich dort einiges an »Memoriermaterial« gesammelt, das Sie zu einem spannenden »Kino im Kopf« einlädt.

Ein kleiner Tipp vorweg: Bei all diesen Trainingseinheiten ist Ihre Fantasie vielleicht mehr als sonst gefordert, ganz im Sinne des Spruchs des französischen Schriftstellers und Malers Francis Picabia: »Unser Kopf ist rund, damit das Denken seine Richtung ändern kann.«

Daher rate ich Ihnen als Ihr fürsorglicher Memo-Coach: Nicht zu ehrgeizig sein, nehmen Sie nicht zu viel auf einmal in Angriff! Sonst droht womöglich ein »Memo-Muskelkater« … Suchen Sie sich das aus, das Ihnen merkenswert erscheint, und erobern Sie sich dieses Wissen Stück für Stück. Anschließend tragen Sie dieses in einer der Listen im Anhang hinten ein oder laden Sie sich diese Tabellen von www.memo-coach.com herunter. Sie werden staunen, was durch dieses *Denken in Bildern* alles in Ihrem Wissensnetz hängen bleibt.

CICEROS TRICKKISTE ODER DIE *LOCI-METHODE*

WISSEN SIE EIGENTLICH, dass Ihr Körper hilfreicher als jeder Einkaufszettel sein kann, oder sich auch Ihre Wohnung wunderbar zum Merken Ihrer To-do-Liste eignet? Dass der Weg zu Ihrem Büro eine perfekte Landkarte ist, die Ihnen die nötigen Anhaltspunkte beim Halten einer Rede gibt? In diesem Kapitel zeige ich Ihnen, wie Sie sich mit der sogenannten *Loci-Methode* Dinge merken können. Für mich persönlich ist diese Technik die wichtigste und beste. Sie stammt aus dem antiken Griechenland und mit ihr haben sich Redner dieser Zeit ihre oft stundenlangen Reden gemerkt.

Die berühmtesten Redner der Antike waren Sokrates, Platon und Aristoteles.[18] Jeder von ihnen leistete seinen unverwechselbaren Teil zur Entwicklung der Redekunst, der Rhetorik.

Sokrates entwickelte den strukturierten Dialog als rhetorische Methode. Er stellte seinem Gesprächspartner so lange Fragen, bis der schließlich kapitulierte. Auch Platon betrachtete den Dialog als probates Mittel zur Wahrheitsfindung und überließ es dem Zuhörer, seine eigenen Schlussfolgerungen zu ziehen. Aristoteles entwickelte eine Rhetorik, die mehr praktischen Zielen diente und legte in seinem Werk *Rhetorik* dar, wie man durch Rede überzeugen kann.

Doch erst Marcus Tullio Cicero gab in seinem Werk *De oratore (Über den Redner)* den entscheidenden Hinweis, wie man seine Rede im Gedächtnis festhalten kann. PowerPoint und Stichwortkarten waren schließlich noch nicht erfunden! Er legte damit den Grundstein für die sogenannte *Mnemonik* oder *Mnemotechnik*. Die wesentlichen Bausteine dieser Methode können uns auch heute noch helfen, uns verschiedenste Dinge einzuprägen. Das kann eine Rede sein, die wir ganz ohne Stichwortzettel halten möchten, oder Fakten aus dem Allgemeinwissen, wie zum Beispiel die bevölkerungsreichsten EU-Staaten oder die Präsidenten Österreichs oder Deutschlands seit 1945.

Das Prinzip dieser *Mnemotechnik*: Wir legen Dinge, die wir uns merken möchten, als Bilder an bestimmten Orten ab. »Ablegen« heißt in diesem Fall: ein Bild, einen Merkinhalt so kreativ und lebhaft wie möglich mit allen Sinnen mit diesem bestimmten Ort zu verknüpfen. Das lateinische Wort *locus* für Ort (Mehrzahl *loci*) gibt dieser Methode ihren Namen.

Auch bei ehemaligen Seminarteilnehmern stellt sich heraus, dass es meist diese *Loci-Methode* ist, die sie in ihren Alltag integriert haben. Sie macht Spaß und so geben sie sie auch an Kinder und Enkelkinder weiter.

In ihrem Buch *Alzheimer ist kein Schicksal* beschreiben Gary Small und Gigi Vorgan genau diese *Loci-Methode* auch als effizientes »Anti-Alzheimer«-Training. Sie schreiben: »Wissenschaftliche Untersuchungen zeigen, dass die regelmäßige Anwendung grundlegender Merktechniken die Gedächtnisleistung verbessert, den altersbedingten Abbau verzögert und die Erhaltung der höchstmöglichen Merkleistung begünstigt – und das über Jahre hinweg.«[19]

Auch eine neueste Studie am Radboud University Medical Center in Nijmegen, Niederlande[20], unterstreicht die unschlagbare Wirksamkeit dieser antiken Gedächtnismethode. Hier die interessante Versuchsanordnung: 50 Top-Gedächtnisathleten merkten sich 71 von 72 Wörtern in ein paar Minuten und gaben sie nach 20 Minuten korrekt wieder. Eine weitere Versuchsgruppe von Menschen ohne Erfahrung mit Mnemotechniken schaffte durchschnittlich 26 von 72 Wörtern im selben Zeitraum. Anschließend wurden diese Versuchspersonen in drei Gruppen geteilt:

- **Gruppe A erlernte die *Loci-Methode* der antiken griechischen und römischen Redner.**
- **Gruppe B eignete sich eine modernere Gedächtnismethode an (»Working Memory Training«).**
- **Gruppe C hatte kein Gedächtnistraining.**

Nach dem Kurs konnte die Gruppe A, die mit der *Loci-Methode* trainiert hatte, ihren Wert von 26 auf 62 mehr als verdoppeln und kam nahe an die Leistung der Gedächtnissportler heran. Die Leistungen der Gruppen B und C blieben unverändert. Die Trainingskurse waren nicht aufwendig und umfassten nur ungefähr 20 Minuten pro Tag.

Bereits nach einer Woche erzielte die Loci-Gruppe deutliche Verbesserungen. Gehirnscans der Studienteilnehmer vor und nach dem Training zeigten veränderte Hirnfunktionen, vor allem was die Konnektivität betraf – die Fähigkeit, Verbindungen zwischen einzelnen Hirnarealen herzustellen. Diese ähnelten nach dem Training stark jenen von langjährigen Gedächtnisathleten.

Boris Konrad,[21] Co-Autor der Studie, den ich schon seit vielen Jahren als Mitstreiter in Gedächtniswettkämpfen und als Speakerkollegen schätze, bringt es auf den Punkt: »Es gibt keine strukturellen Unterschiede zwischen den Gehirnen von Gedächtnisathleten und normalen Zeitgenossen. Mit Hilfe dieser antiken Technik kann jeder sein Gedächtnis beträchtlich verbessern!«

Auch in meinem Leben hat diese *Loci-Methode* Weichen gestellt und steckt hinter den meisten »Köpfchenrekorden«, die Sie im Fernsehen vielleicht schon bewundert haben. Durch sie konnte ich im Jahr 2002 in einer TV-Show (ARD) einen Guinness-Weltrekord aufstellen, der das Sprungbrett für meine Vortragstätigkeit zum Thema »Faszination Gedächtnis« wurde. Sie ist für mich nach wie vor die Methode schlechthin, um mir zum Beispiel spontan Dinge zu merken oder die wichtigsten Punkte »mitzunehmen«, wenn ich selbst als Zuhörerin in einem Vortrag sitze; und sie hilft mir dabei, mir bewusst langfristig interessante Fakten aus dem Allgemeinwissen einzuprägen.

Ohne diese Methode gäbe es auch meine Erfolge bei Gedächtnismeisterschaften nicht. Zum vorher erwähnten »Kino im Kopf« hier noch ein Nachsatz: Bei der Vorbereitung auf die Gedächtnis-WM in Singapur ging es in meinem Kopf sehr lebhaft zu – da wurde assoziiert und in Bildern gedacht, dass es eine Freude war. Was mir – auch schon bei früheren Wettkämpfen – aufgefallen ist, waren meine Träume. Sie waren so bunt, lebhaft und auch (positiv) verrückt wie selten, niemals jedoch belastend, sondern manchmal wirklich »drehbuchreif«. Dieses *Denken in Bildern* ist nicht nur ein Gedächtnis-, sondern auch ein »Kreativitätsturbo«!

Ich hoffe, Sie sind nun neugierig genug, diese Gedächtnistechnik gemeinsam mit mir auszuprobieren. An all jene unter Ihnen, die sie vielleicht schon aus meinem ersten Buch *Gutes Gedächtnis leicht gemacht* oder anderen Werken zu diesem Thema kennen: Als Kernstück der Mnemotechnik kann man diese *Loci-Methode* nicht oft genug trainieren – und ich verspreche Ihnen, es gibt keine Wiederholungen von schon Bekanntem!

Was macht der Torero in meiner Küche?

Stellen Sie sich also Ihre Küche als »Ablagesystem«, als »Gedächtnispalast« vor, wie es die alten Griechen nannten.

Zunächst brauchen wir »Loci«, also Orte, markante Plätze in Ihrer Küche – insgesamt sieben. Dort werden wir dann miteinander Merkinhalte ablegen. Was das sein wird, verrate ich Ihnen hier noch nicht. Seien Sie einfach offen für das, was kommt – und stellen Sie sich die Bilder, die ich Ihnen nun gleich vorschlagen werde, so lebhaft, bunt und kreativ wie möglich vor. Übrigens: Es ist egal, ob Sie sich jetzt bei der Lektüre tatsächlich in Ihrer Küche befinden oder nicht. Es genügt, wenn Sie sich in Ihrer Fantasie dorthin begeben!

ÜBUNG 1

Beginnen wir mit der Türe zu Ihrer Küche als Ort Nummer eins. Dort klebt ein riesiges Plakat mit dem **BRANDENBURGER TOR**. Sie könnten sich auch vorstellen, dass Sie nun durch dieses Tor in Ihre Küche eintreten – zum Ort Nummer zwei, der sich gleich neben der Tür befindet. Vielleicht ist es Ihr Herd? Was auch immer es ist – bitte stellen Sie sich dort ein frisches **FRANZÖSISCHES BAGUETTE** vor, mit etwas Camembert drauf, schon herzhaft angebissen von einem hungrigen Genießer.

Weiter geht es ... Was kommt als nächster markanter Platz in Ihrer Runde durch die Küche? Auch wenn es das Spülbecken, ein Papierkorb oder Flaschencontainer sein sollte – dort sind lauter kitschige **SOUVENIRS AUS LONDON** abgelegt. Also vielleicht ein kleiner roter Doppeldeckerbus oder Big Ben oder sogar die Queen aus Madame Tussauds Wachsfigurenkabinett?

Bitte gehen Sie nun weiter und entscheiden Sie sich für Platz Nummer vier. Dort liegt eine **HERRLICH DUFTENDE PIZZA**, frisch aus dem Steinofen. Wenn Sie jetzt schmunzeln, weil die dort so gar nicht hin passt – gut so! Sie wissen ja: je verrückter, desto besser zu merken!

Mittlerweile sind wir schon bei Platz Nummer fünf. Und dort wartet jemand auf Sie – ein fescher, **FEURIGER SPANISCHER TORERO** oder eine ebensolche Flamenco-Tänzerin oder alle beide ... ganz wie es Ihnen beliebt! Und auf Platz Nummer sechs – da **POL-TERT** es ganz gewaltig! Lassen Sie dort etwas, das hier liegt, einen gehörigen, polternden Lärm machen, was auch immer es sein mag. So, damit sind wir schon fast am Ende unserer Runde. Auf Platz Nummer sieben in Ihrer Küche, da steht eine imaginäre **FLASCHE RUM.**

Blicken wir zurück auf die bisher gemerkten Bilder. Sind sie da, in Ihrem Gedächtnis gespeichert? Versuchen Sie eine Wiederholung, ganz ohne Nachlesen. Was war auf dem Plakat an der Türe abgebildet? Und auf Platz Nummer zwei, liegen da ein paar Brösel ...? Halten Sie hier kurz inne und gehen Sie noch einmal in Ruhe alle Bilder durch. Ich bin überzeugt, sie sind da, genau an den Orten, wo Sie sie abgelegt haben.

Und aus der Flasche Rum auf Platz Nummer sieben, aus der genehmigen wir uns jetzt einen Schluck. Als Belohnung sozusagen, denn: Mit diesen sieben Bildern, die nun in Ihrer Küche liegen, haben Sie sich die **SIEBEN BEVÖLKERUNGSREICHSTEN STAATEN** der EU gemerkt – noch dazu in der richtigen Reihenfolge, aufsteigend nach Bevölkerungszahlen geordnet. Jedes Bild steht für ein Land, und manchmal sind es auch die Anfangsbuchstaben, die Ihnen auf die Sprünge helfen sollen.

Schauen wir uns die Bilder und die dazugehörigen Länder an:

BRANDENBURGER TOR – das steht für Deutschland. Das **FRANZÖSISCHE BAGUETTE** führt uns zu Frankreich, die **SOUVENIRS AUS LONDON** zu Großbritannien. Die **DUFTENDE PIZZA** symbolisiert Italien, und der **SPANISCHE TORERO** steht natürlich für Spanien. Beim **POL-TERNDEN** Lärm führen uns die ersten drei Buchstaben zu Polen, und zum Schluss gibt es einen Schluck **RUM** aus Rumänien!

Tragen Sie Ihr Wissen nun in diese Tabelle ein – die Lösung zum Vergleichen finden Sie im Anhang![22]

1		**81** Millionen
2		**66** Millionen
3		**65** Millionen
4		**61** Millionen
5		**46** Millionen
6		**38** Millionen
7		**20** Millionen

Weiter geht es mit einer Trainingseinheit mit besonderem Hintergrund, den Sie gleich erfahren werden. Sie können die *Loci-Methode* dort weiter festigen und sich 30 Wörter in kurzer Zeit einprägen. Diese Begriffe stammen zur Abwechslung nicht aus dem Allgemeinwissen und stehen als »Memoriermaterial« stellvertretend für alles, was Sie sich (in Zukunft) mit Hilfe dieser Methode merken möchten.

Help-TV live: SIE hätten das auch gekonnt!

Am 24. September 2003 war ich als Expertin in die Live-Sendung Help-TV eingeladen. Das Thema Gedächtnis wurde von verschiedensten Gesichtspunkten beleuchtet, und ich hatte zwei Aufgaben zu lösen: Ich musste zunächst eine Art »Aufnahmeprüfung« bestehen und sollte die Zuseher und Zuseherinnen vor den Fernsehschirmen verblüffen und neugierig machen.

Der erste Schritt war, dass ich mir 20 Autos mit ihren Kennzeichen[23] sowie den Namen der dazugehörigen Besitzer und Besitzerinnen merkte. Und dann wurde es noch spannender: Die Moderatorin Barbara Stöckl überreichte mir eine Liste mit dreißig Wörtern, die nicht ganz einfach waren, darunter Begriffe wie »Generationenvertrag«, »Taschenspielertrick« oder »Gründungsjahr«. Aufgabe Nummer zwei bestand darin, einer bunt gemischten Gruppe von zehn Menschen – die Jüngste war elf, der älteste Teilnehmer 77 Jahre – genau diese Wörter beizubringen. Und zwar so sattelfest, dass sie diese dann gegen Ende der Sendung auch vor laufender Kamera aus dem Gedächtnis ins Mikrofon sagen konnten.

Um es kurz zu machen: Es funktionierte hervorragend. Hatte ich zu Beginn der Sendung die Menschen erstaunt, so war das Publikum jetzt geradezu verblüfft, wie selbstsicher und fehlerlos die zehn Versuchspersonen diese 30 Wörter »herunterrasselten«.

Wie stolz war ich auf meine Schützlinge!

Der schönste Moment für mich war, als ich nach der Sendung noch einmal auf die Teilnehmer traf. Der älteste unter ihnen meinte: »Frau Sommer, danke für dieses Erlebnis. Ich bin heute zu dieser Sendung gekommen, weil ich mir Sorgen gemacht habe … weil ich schon so vieles vergesse. Aber diese dreißig Wörter, die wir uns gemerkt haben, das ging ja wie nix, die weiß ich jetzt immer noch! Und ich weiß auch: Ich werde weiter trainieren!«

Ich spürte, ich hatte bei diesem Menschen einen Hebel umgelegt. Er hatte wieder Vertrauen in sein Gedächtnis gewonnen – die Voraussetzung schlechthin, wenn man es sich zum verlässlichen Partner machen möchte! Und unser wichtigstes Werkzeug in diesem Live-Experiment? Natürlich wieder – die *Loci-Methode*! Wenn Sie Lust haben – probieren wir es doch gemeinsam aus. Ich bin sicher, Sie hätten es auch geschafft!

Wenn Sie sich anschließend testen möchten, haben Sie zwei Möglichkeiten: Sie gehen entweder zu Seite 200 und füllen dort die Liste mit diesen Wörtern aus. Oder Sie sehen sich auf meiner Website das Video dieser Sendung an, gehen genau bis zur 16. Minute, schlüpfen in die Rolle eines Teilnehmers oder einer Teilnehmerin, fühlen sich »live« geprüft und sagen diese Wörter aus Ihrem Gedächtnis mit.

ÜBUNG 2

DAS EXPERIMENT:

SCHRITT EINS – Sie brauchen zunächst wieder *Orte* oder *Loci*. Am besten, Sie blicken sich in der Umgebung um, in der Sie sich gerade befinden. Auch wenn das jetzt im Zug, Flugzeug oder an einem Sandstrand sein sollte: Legen Sie für sich zunächst fünf markante Plätze in Sichtweite fest – egal, ob es sich dabei um ein Fenster, einen kleinen Ablagetisch oder einen Sonnenschirm handelt.

SCHRITT ZWEI – Sind diese fünf Orte »eingerichtet«? Dann geht es jetzt ans Memorieren – ans kreative Ablegen, Verknüpfen dieser

Begriffe in möglichst »erinnerungswürdigen« Bildern an genau diesen Plätzen und in der von Ihnen gerade festgelegten Reihenfolge. Hier zunächst die ersten 15 der insgesamt 30 Wörter:

SCHREIBTISCHUNTERLAGE – BLICKKONTAKT – GENOSSENSCHAFTSWOHNUNG

WERKZEUGKOFFER – FRISEUSE – UHRMACHER

LÄRCHE – ROHRZUCKER – NAGELPILZ

GENERATIONENVERTRAG – MONDLANDUNG – GRÜNDUNGSJAHR

MIKROWELLENGESCHIRR – NAGELLACKENTFERNER – NACHTIGALL

Bei der Help-TV-Sendung war der erste »Ablageort« für uns eine Kamera, die auf einem Stativ im Raum stand. Diese Kamera stellten wir – im Geiste - auf eine **SCHREIBTISCHUNTERLAGE** und blickten durch die Kameralinse hindurch – wir hatten also **BLICKKONTAKT**. Zufällig gab es hinter der Kamera eine Tür. Diese führte zwar zu einem Technikraum; für uns jedoch lag dahinter eine **GENOSSENSCHAFTSWOHNUNG**. Und schon waren die ersten drei Wörter gespeichert: *Schreibtischunterlage, Blickkontakt, Genossenschaftswohnung.*

Weiter ging es dann mit *Werkzeugkoffer, Friseuse, Uhrmacher*. Hier war unser Ablageplatz der Flipchartständer neben der Kamera. Wir stellten uns vor, dass dort am weißen Blatt in der oberen Hälfte ein geschlossener **WERKZEUGKOFFER** abgebildet war, und in der unteren Hälfte des Blatts war er aufgeklappt. Links lagen Utensilien einer **FRISEUSE** drinnen – also Kamm, Schere, Haarbürsten und Ähnliches – und in der rechten aufgeklappten Hälfte lag lediglich eine kaputte Uhr. Zum Glück näherte sich in unserer Fantasie ein hilfsbereiter **UHRMACHER,** der die Uhr zum Reparieren mitnahm.

Bei den Begriffen *Lärche, Rohrzucker, Nagelpilz* waren wir im Raum nun in der Ecke neben dem Flipchart angekommen. Hier stellten wir uns einfach einen Baumstamm einer gefällten **LÄRCHE** vor. In diesem Stamm steckte ein riesiges Rohr, das mit Zucker gefüllt war → **ROHRZUCKER.** Und daneben hatte jemand einen Nagel hineingeschlagen, dessen Nagelkopf die Form eines Pilzes hatte → **NAGELPILZ.**

Es folgten die nächsten drei Wörter *Generationenvertrag, Mondlandung, Gründungsjahr.* Nicht ganz einfach! Wir stellten uns vor, dass vor dem halbkreisförmigen Tisch, an dem unsere motivierte Gruppe saß, ein kleines Kind und eine ältere Person gemeinsam feierlich mit einem wichtigen Dokument auf uns zuschritten: einem **GENERATIONENVERTRAG.** Doch sie kamen nicht bis zu uns – sie entschwanden vor unseren Augen, flogen ins Weltall hinauf und landeten auf dem Mond → **MONDLANDUNG.** Und dort gründeten sie noch im selben Jahr (→ **GRÜNDUNGSJAHR**) einen ersten »Mondstaat«. Zugegeben – das Ganze war schon ein bisschen verrückt und merkwürdig – aber gerade deshalb leichter zu merken!

Mikrowellengeschirr, Nagellackentferner, Nachtigall galt es, sich als Nächstes einzuprägen. Unser nächster Ort Nummer fünf (auf den wir uns schon im Voraus festgelegt hatten) war der Platz unter unserem Tisch. Ja, dort befand sich nun ein Mikrowellenherd, auf dem sich ganz viel **MIKROWELLENGESCHIRR** stapelte. In der obersten Schüssel lag ein **NAGELLACKENTFERNER.** Und plötzlich flog eine **NACHTIGALL** heran und schnappte sich diesen Nagellackentferner ... Es gab auch eine andere Variante: Wenn man den Mikrowellenherd einschaltete, ertönte nicht das gewohnte Surren, sondern man konnte den Gesang einer Nachtigall hören ...

Sie sehen: Es gibt hier kein Richtig oder Falsch. Jede Assoziation, die spontan aus Ihrer Fantasie kommt und Ihnen hilft, sich etwas zu merken, ist in Ordnung! Sie ist um nichts besser oder schlechter als vielleicht eine völlig unterschiedliche eines anderen Menschen. Hauptsache, sie wirkt und bewirkt etwas. Das Einzige, worauf ich persönlich immer achte, ist mit ausschließlich positiv besetzten, humorvollen Bildern zu arbeiten. Sie tun uns schlicht und ergreifend gut. Wenn Sie bis hierher mitgemacht haben, sind nun bereits insgesamt 15 Begriffe an fünf unterschiedlichen Orten in Ihrem Gedächtnis abgelegt. Die zweite Hälfte der 30 Begriffe überlasse ich – nun, da Sie bereits aufgewärmt sind – Ihrer Fantasie.

Sie benötigen also fünf weitere Orte zum Ablegen und viel Lust zum kreativen Assoziieren. Die Liste mit den Wörtern finden Sie im Folgenden abgedruckt. Und nun entlasse ich Sie mit dem offiziellen Startsignal bei internationalen Gedächtnismeisterschaften:

»NEURONS ON THE READY – GO!«

HEXENKÜCHE – LEBERTRAN – AUTO

FRITTEUSE – HUNDEKOT – FREILANDHÜHNER

FREISPRECHEINRICHTUNG – TASCHENSPIELERTRICK – TABAKPFEIFE

FREUDENHAUS – HAFLINGER – KONSUMWAHN

KUSSMUND – MELKSCHEMEL – KATZE

Den Einkaufszettel lassen wir zu Hause ...

Wir können nicht nur in einem Raum verschiedene Plätze festlegen, um an ihnen Inhalte abzulegen, die wir uns merken möchten. Auch unser Körper eignet sich hervorragend als Memorierhilfe. Sind Sie bereit für ein erstes Experiment? Dann verwenden Sie dieses Hakensystem bei Ihrem nächsten Einkauf, ohne einen Einkaufszettel zu schreiben!

ÜBUNG 3

Wie bei den meisten Mnemotechniken ist auch hier ein wenig Vorarbeit vonnöten: *Stellen Sie sich markante Körperstellen vor, an denen Sie »Haken« befestigen* (um Begriffe zu verankern).

1. **FUSSSOHLE** oder **ZEHEN**
2. **KNIE**
3. **OBERSCHENKEL**
4. »unsere vier Buchstaben« **(GESÄSS)**
5. **TAILLE** (umfassen Sie Ihre Taille energisch mit ihren fünf Fingern)
6. **BRUSTKORB**
7. **SCHULTERN**
8. **HALS**
9. **NASE** (beginnt auch mit »n« wie neun)
10. **HAARE** (mehr oder weniger, je nachdem)

Nehmen wir zum Beispiel einen imaginären Einkaufszettel. Sie möchten folgende Produkte einkaufen: *Duschgel, Zahnpasta, Senf, Eier, Bananen, Taschentücher, WC-Papier, Zahnstocher, Mehl, Glühbirnen.*

Alles, was Sie nun tun müssen: *Verknüpfen Sie diese Dinge so bunt, lebhaft und absurd wie möglich mit Ihren »Haken« am Körper!*

Gehen Sie dabei systematisch von unten nach oben Haken für Haken an Ihrem Körper durch und befestigen Sie daran der Reihe nach die Dinge, die Sie gerne einkaufen möchten. Achten Sie dabei nicht auf irgendeinen logischen Zusammenhang, was wohin passen würde. Im Gegenteil: Je weniger das gewünschte Produkt mit dem jeweiligen Körperteil zu tun hat, desto besser!

Ich liefere Ihnen im Folgenden für diese erste Liste ein paar Assoziationsmöglichkeiten und möchte Ihnen dadurch Lust machen, beim nächsten Einkauf mit Ihren eigenen Bildern zu arbeiten.

Viel Spaß!

1. ZEHEN ⇨ *DUSCHGEL* – Wir waten mit unseren nackten Füßen durch Duschgel ... es quillt zwischen unseren Zehen hervor.

2. KNIE ⇨ *ZAHNPASTA* – Quetschen wir doch die Tube mit unseren Knien aus!

3. OBERSCHENKEL ⇨ *SENF* – Genüsslich aufstreichen ... (hilft ja vielleicht gegen Orangenhaut).

4. GESÄSS ⇨ *EIER* – Wir setzen uns auf (rohe!) Eier ...

5. TAILLE ⇨ *BANANEN* – Wie wär es mit einem Bananenröckchen (auch für die Herren!)?

6. BRUST ⇨ *TASCHENTÜCHER*
In der Sommerhitze kann »mann« sich damit den Schweiß abwischen oder sie dienen »frau« als neuartige Push-up-Einlage …

7. SCHULTERN ⇨ *WC-PAPIER*
Eine Rolle links balancieren, eine rechts – und dass ja nichts herunterfällt!

8. HALS ⇨ *ZAHNSTOCHER*
Eine Kette aus Zahnstochern – schön säuberlich um den Hals gelegt …

9. NASE ⇨ *MEHL*
Etwas Mehl auf die Nase gestaubt … (vielleicht müssen Sie sogar niesen?)

10. HAARE, KOPF ⇨ *GLÜHBIRNE*
Wenn Ihnen da kein Licht aufgeht …!

Wenn Sie sich diese Verknüpfungen so richtig übertrieben und lebhaft vorgestellt haben, können Sie sicher den Einkaufskorb füllen, der auf Seite 214 im Anhang auf Sie wartet!

Und das Beste daran: Diese »Körperliste« für den Einkaufszettel ist immer wieder verwendbar – wie ein Folie, auf der man mit abwaschbaren Stiften schreibt. Das vorher Geschriebene (Gespeicherte) mag zwar noch etwas durchscheinen, wird aber sicher vom Neuen überdeckt. Keine Angst also, dass wir nun bei jedem Einkauf zunächst ein Duschgel einpacken!

Haben Sie schon erste Erfolgserlebnisse mit dieser *Loci-Methode* »eingefahren« und sich das eine oder andere Allgemeinwissen oder Ihre Einkaufsliste spielerisch-kreativ gemerkt? Dann könnten Sie nun darangehen, diese Methode auch im Sinne des Erfinders einzusetzen. Vielleicht tatsächlich bei Ihrer nächsten Rede!

Es gibt zwei Möglichkeiten, die Bilder Ihrer Ansprache im Kopf mitzunehmen: Sie legen Sie einfach in dem Raum ab, wo Sie gerade Ihre Rede vorbereiten, also zum Beispiel in Ihrem Arbeitszimmer. Oder Sie nehmen den tatsächlichen Vortragsraum als Ihren »Gedächtnispalast« und deponieren die Bilder Ihrer Rede auf einer Runde durch diesen Raum. Bei der Rede können Sie dann Ihre Bilder ganz entspannt und ohne Stichwortzettel von diesen Orten abholen – und Ihr Publikum wird Sie für Ihr gutes Gedächtnis bewundern !

»BRAIN TO GO« – NÜTZLICHES FÜR UNSEREN ALLTAG

WIE KANN ICH MEIN GEHIRN TÄGLICH TRAINIEREN, um die Merkfähigkeit zu erhalten oder zu steigern? Welche Übungen gibt es, die in unsere schnelllebige und komplexe Zeit passen und RASCH und nachhaltig wirken?

Für mich sollen diese Übungen zwei Bedingungen erfüllen: Sie sollen gut in meinen Tageslauf zu integrieren sein und Sie sollen mich unabhängiger von diversen »elektronischen Gehirnen« machen.

Bitte verstehen Sie mich nicht falsch: Selbstverständlich haben – wie schon erwähnt – diverse »digitale Helfer« durchaus ihre Berechtigung, auch ich als mehrfache »Gedächtnismeisterin« verwende (ab und zu) die Erinnerungsfunktion von Outlook oder den Nummernspeicher im Handy. Nur – ich fahre möglichst immer »zweigleisig«. So merke ich mir zum Beispiel wesentliche Termine auch ganz bewusst als willkommenes Gehirnjogging. Das ist praktisch, wenn ich zum Beispiel im Auto unterwegs bin und telefonisch eine Anfrage für einen Vortrag an einem bestimmten Tag bekomme. Dann kann ich, wie aus der Pistole geschossen, sagen: »... der 30. September? Das ist ein Mittwoch, nicht wahr? Ja, da würde es bei mir noch gehen ...«

Termine im Kopf

ÜBUNG 4

Das geht ganz einfach: Merken Sie sich pro Monat einen Tag bewusst mit Datum und Wochentag. Zum Beispiel: Wenn Sie Ihren Geburtstag im Mai feiern, ist das Ihr **FIXTAG** im Mai und Sie merken sich diesen Wochentag. Dann können Sie alle anderen Wochentage in diesem Monat bequem **AUSRECHNEN**. Auch dieses Kopfrechnen tut uns hin und wieder gut und sollte als kleine, praktische Trainingseinheit zwischendurch nicht unterschätzt werden.

Dann könnten Sie sich zu Jahresbeginn noch ansehen, wie Ostern, Pfingsten oder Weihnachten in diesem Jahr fallen, und sich so Schritt für Schritt pro Monat ein bestimmtes Datum mit entsprechendem Wochentag schnell erschließen. Wenn die Sprache dann auf einen bestimmten Termin kommt, können Sie sofort sagen: »Das ist ein Montag/Dienstag« etc. Das ist nicht nur praktisch, sondern bestimmt auch ein wenig beeindruckend.

Passwörter und PIN-Codes

Passwörter sollen möglichst viele verschiedene Zeichen haben – und trotzdem für uns merkbar sein! Wie lässt sich das vereinbaren? Mein Vorschlag: Sie nehmen einen »Leitsatz«, der Sie zu Ihren Passwörtern hinführt. Dieser sollte für Sie passen und sinnvoll sein und als Ihr Passwort verschlüsselt für einen Außenstehenden, der Ihnen beim Eintippen über die Schulter sieht, nicht nachvollziehbar sein.

ÜBUNG 5

Machen wir gleich eine Probe und Sie schlüpfen ganz kurz in die Rolle eines »Passwort-Ausspähers«: Schauen Sie sich drei Sekunden – nicht länger! – folgende Passwort-Kombination an:

8!D=mPWfTE@17

Bitte jetzt Buch kurz zuklappen – konnten Sie sich diese Kombination fehlerfrei einprägen? Wahrscheinlich nicht – und das ist gut so.

Jetzt enthüllen wir den ***MERKSATZ*** dahinter, der dieses Passwort für Sie sicher verschlüsselt. Nehmen wir an, es handelt sich um Ihren Telebanking-Zugang im Jahr 2017. Dann lautet Ihr Passwort in Langform:

ACHTUNG! DAS IST MEIN PASSWORT FÜR TELEBANKING@17

Oder als unknackbarer, nun aber für Sie nachvollziehbarer Code hier nochmals: **8!D=mPWfTE@17**

@17 steht hier zum Beispiel für: **IM JAHR 2017**.

Sie könnten aber auch jede andere, für Sie bedeutungsvolle Zahl nehmen, zum Beispiel den Tag oder das Jahr Ihrer Geburt, Ihre Hausnummer, Ihre Glückszahl etc. Für Ihren eBay-Zugang würde das Passwort dann lauten: **8!D=mPWfEB@17**

Einfach konsequent immer die ersten beiden Buchstaben des jeweiligen »Themas« hier verwenden – und Sie haben jederzeit Zugang zu Ihren Passwörtern, nur in Ihrem Gedächtnis gespeichert!

Manchmal erzählen mir bei Vorträgen Mitarbeiter von Unternehmen, dass sie ihr Passwort monatlich ändern müssen – was sie als ziemlich aufreibend empfinden. Hier schlage ich dann eine leicht abgewandelte Form vor: Nehmen Sie doch einfach ein Ihnen gut bekanntes (Kinder)Lied oder Gedicht, und verschlüsseln Sie davon die erste Zeile im Januar, die zweite im Februar, usw.

Also, was wäre dann der »Hintergrund« dieses Passwortes? Wie vorgeschrieben, mit Sonderzeichen, großen und kleinen Buchstaben und Zahlen ...?

KeVg,ssnamF01

Im Anhang finden Sie die Lösung – und es wird Ihnen dann ein Leichtes sein, für den Monat März selbst weiterzumachen.[24]

Trotzdem empfiehlt es sich natürlich, zur Sicherheit zumindest die zugrunde liegende Passwort-»Formel« auch irgendwo schriftlich und analog festzuhalten. Vielleicht in Ihrem Lieblingskochbuch? Oder Jahreskalender?

Bei PIN-Codes für Bankomat- oder Kreditkarten gehen wir ähnlich vor. Hier verschlüsseln wir die Ziffern in Bilder und basteln daraus eine kleine Merkgeschichte.

ÜBUNG 6

Nehmen wir an, Sie möchten sich den PIN-Code Ihrer Bankkarte todsicher merken und ihn auch in Stresssituationen jederzeit abrufen können, zum Beispiel in einem anderen Land mit ungewohnter Anordnung der Tastatur. Alles, was Sie tun müssen:

Denken Sie sich für jede Zahl von 0 bis 9 ein Bild aus, wie etwa:

eine **KERZE** für **1**	eine kleine **HEX'** für **6**
einen **SCHWAN** für **2**	sieben **ZWERGE** für **7**
Neptuns **DREIZACK** für **3**	eine **ACHTERBAHN** für **8**
einen **STUHL** für **4**	**ALLE NEUNE** beim Kegeln für **9**
einen **HANDSCHUH** für **5**	einen **LUFTBALLON** für **0**

Und wenn Ihr **PIN-CODE** nun lautet: **2073**, dann lassen Sie einen Schwan majestätisch über Ihre Bankkarte gleiten, mit einem roten Luftballon an seinem Hinterteil befestigt. Ein kleiner frecher Zwerg nähert sich vom Ufer, mit einem Dreizack in der Hand ... und »Puff«! haben Sie sich Ihren Code eingeprägt und können ihn jederzeit abrufen.

Eine ganz einfache Sicherheits-Variante noch zum Schluss: Sie bewahren DREI falsche (!) PIN-Codes in Ihrer Geldbörse auf. Warum? Der Dieb Ihrer Geldtasche wird höchstwahrscheinlich versuchen, Ihre Bankomatkarte mit diesen Codes zu verwenden. Doch nach drei falschen Versuchen wird die Bankomatkarte eingezogen und ist somit aus dem Verkehr.

NAMEN MERKEN – DIE ERSTE

EINS STEHT FEST: DER EIGENE NAME ist das »Lieblingsvokabel« jedes Menschen. Und wenn Sie sich dieses Namens annehmen – wenn Sie zum Beispiel nachfragen, wenn Sie ihn nicht genau verstanden haben – signalisieren Sie Ihrem Gegenüber: Ich halte Sie für be*merken*swert! Was für ein wohltuendes Innehalten in unserem täglichen, oft oberflächlichen Miteinander.

Gleich eine Beruhigung vorweg: Wenn Sie Probleme haben, sich die Namen von Menschen zu merken, denen Sie vorgestellt werden oder die Sie privat oder beruflich kennenlernen, sind Sie wahrlich nicht alleine. Zu Beginn eines Gedächtnisseminars frage ich meist nach den wichtigsten Wünschen der Teilnehmer. Die Hitliste führt regelmäßig an: Ich möchte mir Namen besser merken können!

In den nun folgenden Kapiteln möchte ich Ihnen dafür »Werkzeuge« mitgeben, genau diesem Wunschziel näher zu kommen: ein verlässliches(!) Namensgedächtnis – und nicht eins, das Sie im entscheidenden Augenblick verlässt (»Oje … jetzt kommt dieser wichtige Kunde auf uns zu und ich muss ihn gleich meinem Chef vorstellen. Wie war doch gleich sein Name?«). Und wir werden auch sehen, wo sich Namens- und Wortschatzgedächtnis überschneiden, welche ähnlichen Techniken sich hier anwenden lassen.

Sind Sie bereit? *Wollen* Sie? Denn das ist entscheidend! Nur wenn Sie sich die Namen Ihrer Mitmenschen auch tatsächlich merken *wollen*, wird Sie Ihr Gedächtnis dabei unterstützen.

Erster Schritt daher: Schenken Sie dem Menschen, den Sie neu kennenlernen und dessen Namen Sie sich merken wollen, Ihre ungeteilte Aufmerksamkeit. Nehmen Sie so viele Einzelheiten wie möglich von ihm wahr und fragen Sie unbedingt nach, wenn Sie den Namen nicht genau verstanden haben. Ich habe die Erfahrung gemacht, dass hier niemand böse ist – im Gegenteil. Auch wenn der Name aus einer anderen Sprache zu kommen scheint, gibt es hier oft schon erste Anknüpfungspunkte – für ein Gespräch, in dem es um die Bedeutung geht, und für ein erstes Bild zum Merken.

Damit sind wir schon mitten im Thema. Das Geheimnis lautet: *Denken Sie in Bildern!* Konkret: Machen Sie sich ein Bild zum Namen. Wie das geht, üben wir gleich gemeinsam. Vorher verrate ich Ihnen noch den zweiten entscheidenden Tipp: Dieses Bild, das Sie sich zum Namen gemacht haben, müssen Sie nun mit einem Merkmal dieser Person verknüpfen: ein Merkmal im Gesicht, an den Haaren, am Körper, das Ihnen als Erstes auffällt, wenn Sie diesen Menschen aufmerksam ansehen.

Wie schon erwähnt, darf es bei diesem *Denken in Bildern* so kreativ, *merk*-würdig, humorvoll, absurd und lebhaft wie möglich zugehen. Es gibt nur eine einzige Einschränkung: niemals Blut, Mord, Totschlag oder Ähnliches, solche negativen Bilder müssen wir ohnehin passiv konsumieren, wenn wir an einem Kiosk die Titelseiten von Magazinen im Vorbeigehen »mitnehmen« oder abends im Fernsehen die Nachrichten einschalten. Ich habe mit mir selbst »einen Vertrag« geschlossen, mit positiven Bildern in meiner Sprache und meinem Denken zu arbeiten. Denn Gedanken haben auch Energie; gerade, wenn ich mir den Namen eines Menschen merken möchte, schenke ich ja auch ihm oder ihr diese Energie!

Vornamen – ganz leicht gemerkt

ÜBUNG 7

Beginnen wir nun zunächst mit dem Merken von Vornamen. Sie erinnern sich: Wir suchen ein Bild zum Namen und verknüpfen dies mit einem markanten Merkmal an der Person. Einem **HELMUTH** könnten Sie einen **HELM** auf seinen markanten Kopf setzen. Keine Angst, er merkt es nicht, aber Sie merken sich garantiert, dass diese neue Bekanntschaft Helmuth heißt!

Noch einfacher geht es bei Vornamen, wenn Sie zum Beispiel bei einer Daniela, einem Peter, einem Christian, einer Elisabeth etc. sofort die Bilder von Menschen mit genau diesen Vornamen im Kopf haben. **»ÜBERBLENDEN«** Sie das Bild der Brigitte, die Sie gerade neu kennengelernt haben, ganz kurz (drei Sekunden genügen) mit jenem der Brigitte, die schon in Ihrem Gedächtnis gespeichert ist. Lassen Sie die beiden einfach eine kleine kreative Aktion durchführen: miteinander lachen, sich begrüßen, was auch immer.

Allein das »Überblenden«, das Assoziieren genügt in den meisten Fällen, dass Sie sich diese neue Brigitte merken. Außerdem könnten Sie hier schon etwas »Vorarbeit« leisten: Eine Liste der gängigsten Vornamen ist rasch erstellt, und in einer ruhigen Minute legen Sie für sich fest, welches der folgenden Bilder für Sie für welchen Namen steht. (Eine »Vorschlagsliste« finden Sie im Anhang ab Seite 205 ff.)

So weit die Theorie – üben wir es nun am besten gleich miteinander.

ÜBUNG 8

Dieser **SANDRA** hier streuen Sie – in Ihrer Fantasie! – etwas **SAND** ins auffallend schöne, grau melierte Haar. Vielleicht ist es auch genau dieser ins Haar gestreute Sand, der es so besonders fallen und glänzen lässt?

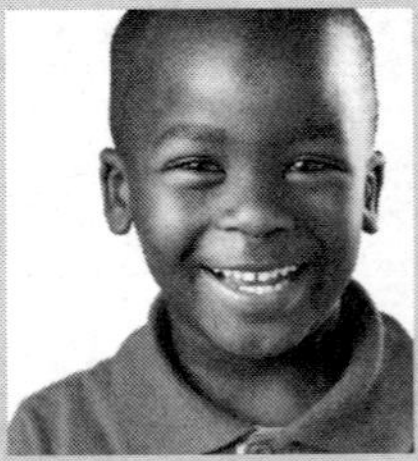

BRIAN ist der Name dieses fröhlichen Jungen. Das erinnert spontan an **»BRAIN«**, wenn man die beiden Vokale in seinem Namen vertauscht. Und hinter seiner hohen Stirn – das Merkmal, an dem wir hier den Namen »befestigen« –, da versteckt sich sicherlich ein kluges *Gehirn* (oder *brain*) von Brian.

Diese junge Dame heißt **JULIA**. Als Merkbild für ihren Namen drängt sich natürlich Shakespeares *Julia* auf, die hier – mit einem strahlenden Lächeln – (am Balkongeländer?) auf ihren *Romeo* wartet. Wenn Sie die noch einfachere Variante ausprobieren möchten: Denken Sie an eine Julia in Ihrem Freundes- oder Bekanntenkreis. *Überblenden* Sie sie mit dieser Julia, lassen Sie die beiden einander zum Beispiel eine amüsante Geschichte erzählen, die sie zu ihrem bezaubernden Lächeln bringt.

GABRIEL ist der Name dieses jungen Mannes. Mir springt als Erstes seine *stürmische Frisur* ins Auge. Vielleicht hat er versucht, seine Haare mit einer **GABEL** zu bändigen? Und das ist auch schon meine Verknüpfung von Name und Merkmal, um sich den Namen **GABRIEL** zu merken.

Dieses kleine Mädchen trägt den eher ungewöhnlichen Namen **CHARLENE**. Nun, das ist ein englischer Vorname, und da könnten wir uns auch einer englischen Memo-Brücke bedienen: *to lean* heißt *lehnen*. Und sie lehnt ja tatsächlich ihren Kopf zur Seite. Vielleicht möchte sie sich bei einem Charles anlehnen?

Und wie könnten wir uns diesen Herrn namens **WILHELM** merken? Seine markante Stirn, die eher spärliche Haartracht, haben mich zu einer spontanen Assoziation verleitet, über die ich jetzt schmunzeln musste. Er denkt sich: »Mir ist kalt – ich **WILL** einen **HELM**!«

Der kleine Praxistest

Wenn Sie also das nächste Mal in einem Workshop, einem Seminar oder in privater Freundesrunde sitzen, wo sich Menschen kurz mit ihren Vornamen vorstellen, probieren Sie dieses faszinierend einfache Werkzeug aus. Seien Sie bei der Vorstellungsrunde mit Ihrer ungeteilten Aufmerksamkeit dabei; machen Sie sich Bilder zu den einzelnen Vornamen, verknüpfen Sie diese mit den Teilnehmern und begrüßen Sie im Anschluss in der Kaffeepause oder bei einem Drink (fast) alle Anwesenden mit ihren Vornamen. Diese werden einfach verblüfft sein von Ihrem Namensgedächtnis! Vielleicht sind Sie selbst jetzt auch ein bisschen fasziniert, wenn Sie zu Seite 204 gehen und die Bilder dort mit den richtigen Vornamen versehen?

Wie könnte das nun mit Familiennamen funktionieren? Bevor wir uns damit befassen, wenden wir uns aber noch – als Vorbereitung – dem Merken von Ländern mit ihren Hauptstädten zu.

LÄNDER UND HAUPTSTÄDTE – SO GEHT MERKEN EINFACH!

DER GRUND, WARUM WIR UNS HIER als Aufwärmübung für das Merken von Familiennamen zunächst Länder und ihre Hauptstädte vornehmen, ist ganz einfach. Auch hier gilt nämlich: Machen Sie sich ein Bild zum Namen! Spielen Sie mit Buchstaben, suchen Sie die »bildgebende Komponente« (wie später bei den Familiennamen) auch bei den Ländern und ihren Hauptstädten. Und außerdem gibt es wieder den bekannten »mentalen Mehrwert«: Sie trainieren Ihr Gedächtnis, Ihre Kreativität und erweitern gleichzeitig Ihr Allgemeinwissen.

Natürlich könnte man auch hier wieder sagen: Wozu das Ganze? Kann ich ja googeln! Doch ich stimme nicht zu, wenn dies von manchen vielleicht als »nutzloses Wissen« bezeichnet wird. Im Gegenteil – ist es nicht praktisch, eine Art »Basis-Wissenslandkarte« im Kopf zu haben? Ich habe schon öfter erlebt, welch angenehmer »Türöffner« es sein kann, wenn man Menschen aus anderen Ländern kennenlernt und sie spontan auf ihre Hauptstadt ansprechen kann.

Im Folgenden zehn Beispiele, anhand derer ich Ihnen meine Methode demonstrieren möchte. Bleiben Sie noch dran! Der Lohn: Sie werden dann beim Merken von Familiennamen schon über die nötige Übung verfügen.

ÜBUNG 9

Beispiel Nummer eins: Im Wort **KIRGISTAN** könnten Sie die ersten drei Buchstaben zur **KIR**che führen. Und in der Kirche in Kirgistan gibt der **BISCH**of immer jedem treuen Kirchgänger einen **KEK**s.

KIRGISTAN → BISCHKEK

Bei **SIMBABWE** könnten Sie an den *Löwen* **SIMBA** denken, falls Sie *König der Löwen* gesehen haben, oder an *Sindbad, den Seefahrer*. Und der Löwe Simba (oder Sindbad, der Seefahrer) in Simbabwe – die haben beide gaaaaaaanz lange **HA(R)ARE**!

SIMBABWE → HARARE

Beim **LIBANON** darf es auch gern gleich ein ganzer Satz sein, am besten im Dialekt(!): »**LI**e**BA** *bei da* **NON***ne* …« Und jetzt kommt Schritt zwei: Ihr Bild oder Satz wird mit der Hauptstadt verknüpft. Beim Libanon geht unser Merksatz gleich weiter mit »… *als* **BEI RUT***h*«. Und schon sind Land und Hauptstadt gespeichert.

LIBANON → BEIRUT

Für die Hauptstadt von **TADSCHIKISTAN** merken wir uns Folgendes: Die Buchstaben **SCHIKI** und **STAN** lassen uns dort an einen *schicken Stanislaus* denken. Dieser ist zwar schick, riecht aber nicht so gut, denn: Er **DUSCH**t (nur) **AN BE**stimmten Tagen … Damit sind wir bei Duschanbe, der Hauptstadt von Tadschikistan!

TADSCHIKISTAN → DUSCHANBE

Beim nächsten Land geht es ganz schnell: In **MAROKKO** am **MAR**kt wird gefeilscht – und zwar um ordentlichen **RABAT**t!

MAROKKO ⇒ RABAT

Für das nächste Paar benötigen wir ein englisches Vokabel: *Gummistiefel* heißen auf Englisch *Wellingon boots*, oder kurz: *Wellingtons*. Nun, wenn wir uns als nächstes Land **NEUSEELAND** vornehmen, dann brauchen wir schon Gummistiefel, oder **WELLINGTON**s, um dort im *»**NEU**en **SEE**«* nicht nass zu werden.

NEUSEELAND ⇒ WELLINGTON

Für das Land **USBEKISTAN** mit seiner Hauptstadt **TASCHKENT** gebe ich wortwörtlich eine Memo-Brücke weiter, die einmal Schüler in meinem Freifach »Gedächtnissport« spontan kreiert haben: *»Also, wenn wir uns Bierkisten* (**US-BEKIST-AN**) *kaufen, dann heißt es:* **TASCH***engeld? Keins!«*

USBEKISTAN ⇒ TASCHKENT

Bleiben wir auch mit den nächsten beiden Länder-Hauptstädte-Paaren im zentralasiatischen Raum. Die Hauptstadt von **ASERBAIDSCHAN** heißt **BAKU**. Sie sehen es schon: Hier ist der Buchstabe **»B«** unsere Gedankenverbindung, die das Land *Aser***B***aidschan* mit seiner Hauptstadt **B***aku* verbindet.

ASERBAIDSCHAN ⇒ BAKU

Auch bei **KASACHSTAN** mit seiner Hauptstadt **ASTANA** bietet sich eine ähnliche »Buchstaben-Merkmethode« an: Wir nehmen die letzte Silbe des Landes *Kasachstan* – **STAN** – und fügen einfach vorne und hinten ein **A** an: **ASTANA**

KASACHSTAN ⇨ ASTANA

Bei unserem letzten Beispiel **SUDAN** mit seiner Hauptstadt **KHARTUM** wieder ein bisschen im Dialekt: *»Tua net* **SUDAN** *(sudern[25])!«*, sagt da ein Kartenspieler zum anderen. Der hat sich gerade mühevoll ein **KART***enhaus gebaut – aber das ist leider* **UM***gefallen.*

SUDAN ⇨ KHARTUM

Nach dieser Aufwärmübung noch Folgendes: Egal, ob es sich um den Namen einer Stadt oder den eines Menschen handelt – Hauptsache, wir können ein Bild davon ableiten, das uns beim Merken hilft. Auf in die nächste Runde des Namenmerkens – diesmal sind Familiennamen dran!

NAMEN MERKEN – NUN SIND FAMILIENNAMEN DRAN!

WIR SUCHEN UNS WIEDER WIE BEIM VORNAMEN ein Bild zum Familiennamen (das geht jetzt nach der Vorübung etwas leichter), ein Merkmal an der Person, und verknüpfen beides miteinander.

ÜBUNG 10

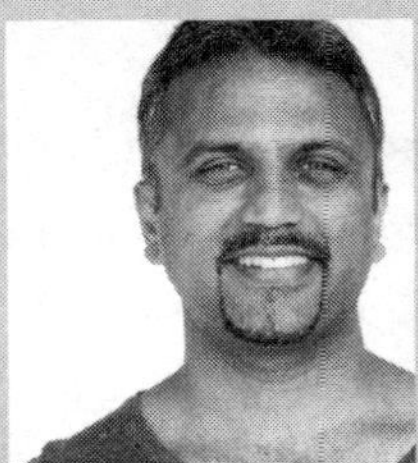

Das ist Herr **LEDERER**. Ein Name, der uns im ersten Moment als eher ungewöhnlich (für ihn) vorkommt und genau deshalb schon einmal leichter im Gedächtnis bleibt. Als Assoziation fällt uns hier natürlich *Leder* ein – und das könnten wir mit seinem bräunlichen Teint als Merkmal verknüpfen. Und schon bleibt der Name haften, Herr **LEDERER**!

Frau **FARCHER** wollen wir uns als Nächste mit ihrem Namen merken. Für mich funkelt in den Augen dieser Dame viel Lebensweisheit – sie sind umrahmt von *(Lach-)***FALTEN**. Die passen zu den beiden markanten **FURCHEN** um ihren lächelnden Mund. Und übereinandergelegt, ergeben diese beiden Begriffe *Falten* und *Furchen* die Memo-Brücke zum Namen **FARCHER**!

Das ist Herr **WAGENMÜLLER**. Was fällt uns bei ihm als Erstes auf? Seine Brille? Die ist zwar nicht ganz rund, könnte uns aber an die Räder eines *Wagens* erinnern. Vielleicht fährt er damit zu einem *Müller?* Hoffentlich nicht zu schnell – denn ein bisschen *wage*mutig sieht er schon aus, dieser sympathische Herr **WAGENMÜLLER**!

Hier lernen wir Ms **WHITEMORE** kennen. Ihre wunderschönen Zähne sind weit *mehr* als *weiß*! Das könnte bereits als rasche Hilfestellung reichen ... und ihr Name ist schon mit diesem Merkmal verknüpft. Er wird uns auch bei der nächsten Begegnung wieder einfallen – spätestens dann, wenn Ms **WHITEMORE** uns mit diesem Lächeln begrüßt!

Mr **LIVINGSTONE** lebt oder *lives* natürlich nicht in einem Steinhaus – obwohl die Wand hinter ihm ein bisschen einem solchen ähnelt. Diese »äußerliche« Hilfsbrücke ist – genau wie Kleidungsmerkmale – nur für ein erstes oberflächliches Festhalten des Namens geeignet. Aber, so gesund und frisch wie er aussieht, wird er noch lange *leben* und *stein*alt werden, unser Mr **LIVINGSTONE**!

Diese charmante junge Dame ist Frau **MALEWITZ**. Beim zweiten Teil ihres Namens fällt mir sofort das englische *wit* ein – *Esprit, Geist, Scharfsinnigkeit.* Das passt gut als Memo-Brücke, wenn ich ihren Gesichtsausdruck auf mich wirken lasse! Und ja, genau – die beiden Mutter*male*, eins auf der Stirn und eins auf ihrer Wange – die machen es uns leicht, uns nun Frau **MALEWITZ** ganz einfach zu merken.

UNSER WORT*SCHATZ* – ER IST ES WERT, GEPFLEGT ZU WERDEN!

»DIE GRENZEN MEINER SPRACHE sind die Grenzen meiner Welt«, sagte Ludwig Wittgenstein (1859–1951). Das ist logisch: Jedes einzelne Wort repräsentiert eine gedankliche Vorstellung und das Denken prägt unsere Welt. Wofür wir keine Worte haben, das können wir auch nicht ausdrücken, egal, ob mündlich oder schriftlich. Die Sprache mit ihren vielen verschiedenen Wörtern lässt uns nicht nur Dinge benennen, sondern auch Nuancen differenzieren – denken Sie nur an die vielen Schattierungen von Farbe (hellgelb, dottergelb, zitronengelb, neongelb, dunkelgelb, orangegelb …) oder die vielen Ausdrücke sehr ähnlicher Gefühle (fröhlich, glücklich, euphorisch, gut drauf, heiter, enthusiastisch). Je mehr solcher Wörter Sie verwenden können, desto exakter können Sie sich ausdrücken.

Der deutsche Journalist und Sprachexperte Wolf Schneider kritisiert den Umgang mit Sprache in unserer heutigen Zeit. Er sagt: »Wir packen einen viel kleineren Wortschatz als unsere Großeltern in viel dürftigere Sätze; unser Umgang mit Wörtern ist lax, geringschätzig oder lümmelhaft. Nur zwei Minderheiten wissen noch, was sie an der Sprache haben: die einflussarme Minorität der Liebhaber und die einflussreiche Minorität der Manipulierer.«[26] Dass Letztere nicht unbedingt Menschen sind, von denen wir uns gängeln lassen wollen, liegt wohl auf der Hand. Was wir dagegen tun können? Selbst unseren Sprachschatz pflegen und vergrößern, um den Manipulierern etwas entgegensetzen zu können! Ein gut gepflegter Wortschatz ist das Zeichen eines gut arbeitenden Verstandes. Wörter sind genauso wichtige Werkzeuge unseres Gehirns wie unsere Hände, Augen und Ohren.

Wie viele Wörter sind denn nun »ausreichend«? Das lässt sich natürlich so einfach nicht beantworten, weil es davon abhängt, in welchem Umfeld Sie sich bewegen. Es ist ja schon nicht einfach zu beantworten, wie viele deutsche Wörter es insgesamt gibt. Je nachdem, ob man zusammengesetzte Hauptwörter als eigenständige Wörter zählt oder nicht, variiert die Zahl. Und es werden ständig neue Wörter gebildet oder aus anderen Sprachen entlehnt.

Und wie ist das mit dem Fachvokabular einzelner Spezialgebiete? Die Abgrenzung ist also schwierig. *Der Rechtschreib-Duden* listet etwa 135.000 Wörter auf, das *Große Universalwörterbuch* von *Duden* beinhaltet mehr als 250.000 Wörter. Wie viele Wörter die deutsche Sprache insgesamt umfasst, ist allerdings sehr schwer zu sagen, man schätzt zwischen 300.000 und 500.000.

Das soll nun nicht heißen, dass Sie ab sofort Ihr Wörterbuch auswendig lernen müssen. Was Sie aber tun können, ist, dass Sie Ihren aktiven Wortschatz verbessern, das ist jener Wortschatz, den Sie beim Sprechen und Schreiben aktiv nutzen. Zwischen 12.000 und 16.000 Wörter hat der durchschnittliche deutschsprechende Mensch aktiv zur Verfügung. Der passive Wortschatz ist größer, der beinhaltet auch Wörter, deren Bedeutung wir zwar verstehen, sie aber nicht bewusst einsetzen. Beim Zuhören und Lesen kommt er zum Tragen, er kann bis zu 50.000 Wörter umfassen. Selbstverständlich gibt es Genies, die einen noch viel größeren Sprachschatz haben. Goethe soll in seinen gesamten Werken über einen Wortschatz von 80.000 bis 90.000 Wörtern verfügt haben.

Meine Empfehlung: Beschäftigen Sie sich konsequent mit der Erweiterung Ihres Wortschatzes. Mit der Zeit bauen Sie sich auf diese Weise nach und nach ein Netz an Wissen und Worten auf, in dem neue Wörter immer leichter hängen bleiben. Je mehr Wörter Sie kennen, desto schneller lernen Sie neue dazu!

Werden Sie zur Meisterin bzw. zum Meister der deutschen Sprache, sodass Sie sich ausgezeichnet verständlich machen können. Mit der Größe Ihres aktiven Wortschatzes steigt auch Ihr Erinnerungs- und Wahrnehmungsvermögen.

Wie können Sie nun Ihren Wortschatz vergrößern? Ein erster Vorschlag dazu von der US-amerikanischen Schriftstellerin und Kolumnistin Marilyn Vos Savant.[27]

Interessante Wörter entdecken

Haben Sie noch ein gutes Wörterbuch (neben dem Duden gibt es auch den Wahrig) in Ihrem Bücherregal? Dann lassen Sie es dort nicht verstauben – legen Sie es aufgeschlagen auf Ihren Schreibtisch, oder wo auch immer in Ihrem Blickfeld es Sie zum Blättern und Lesen einlädt.

Dieser Tipp ist vielleicht nicht mehr ganz zeitgemäß, wo jede Wissenslücke mit einem Mausklick geschlossen werden kann. Trotzdem möchte ich ihn hier als Einladung oder zur Inspiration anführen: Man kann sich Wissen nach wie vor auch ohne Computer aneignen.

Doch egal, ob analog oder digital: Machen Sie es sich zur Gewohnheit, jeden Tag ein Wort nachzuschlagen. Das kann eines sein, das Sie gerade in der Zeitung gelesen haben und Sie unsicher macht, ob Sie seine Bedeutung auch wirklich richtig verstehen. Seien Sie sich nicht allzu sicher bei geläufigen Begriffen – wer weiß, was Sie lernen, wenn Sie nachschlagen!

ÜBUNG 11

Haben Sie Lust auf einen Versuch? Dann versuchen Sie doch, eine möglichst exakte Definition der Wörter **WIDERLICH, FREVEL** und **MONDÄN** zu finden.

Und erst dann schlagen Sie nach![28]

Fremdwörter kennenlernen

Wann immer Ihnen ein Fremdwort begegnet, das Sie bislang nicht kannten, schlagen Sie es in Ihrem Fremdwörterbuch oder im Internet nach. Mein Tipp: Versuchen Sie, sich den Begriff und dessen Bedeutung auch zu merken. Manchmal hilft die Wortherkunft dabei, oder Sie praktizieren auch hier *Denken in Bildern.* Ein Beispiel:

ÜBUNG 12

Wissen Sie, was ein **TROGLODYT** ist? Das ist das Fremdwort für *Höhlenbewohner.* Zum Memorieren stelle ich mir Folgendes vor: einen Höhlenmenschen, und er hat einen riesigen **TROG** vor seiner Höhle stehen. Dieser **TROG** hat ein **LO**ch, und jedes Mal, wenn unser Höhlenbewohner daran vorbeigeht, macht der Trog »**DYT**!« – und spuckt eine Wasserfontäne aus und der Höhlenmensch wird nass. Weil er leider ein bisschen schwer von Begriff ist, vergisst er das immer wieder. Und jedes Mal, wenn er vorbeigeht, wird er nass – zumindest so lange, bis Sie sich gemerkt haben, dass **TROG-LO-DYT** *Höhlenbewohner* heißt.

Ich habe noch ein schönes Fremdwort für Sie: **ANTONOMASIE**. Das kommt aus dem Griechischen und heißt so viel wie *Umnennung*, also der Beiname einer Person aufgrund von einer typischen Eigenart. So ist *der Sonnenkönig* die Antonomasie für *Ludwig XIV*, *Rächer der Armen* ist die Antonomasie für *Robin Hood*. Solche Begriffe werden auch gern als Metapher verwendet – ein begabtes Kind wird zum *kleinen Goethe* oder zum *kleinen Beethoven*. So wird der Text plastischer und abwechslungsreicher.

Wie können Sie sich dieses Fremdwort merken? Sie zerlegen es in die Bestandteile **ANTON-OMA-SIE**. Nun sind Sie an der Reihe. Welche kleine Merkgeschichte können Sie daraus basteln, damit Sie sich **ANTONOMASIE** merken?

Vokabeln merken

ÜBUNG 13

Diese Memorierhilfen eignen sich nicht nur für Fremdwörter, sondern auch für das Einprägen schwieriger Vokabeln einer Fremdsprache. Nehmen wir an, Sie wollen (wie ich) Ihr Schulfranzösisch wieder aufpolieren. Da kommt Ihnen das Vokabel **LA CLOTÛRE** unter (ja, genauso ausgesprochen wie *Klotür*, mit Betonung auf der zweiten Silbe). Es bedeutet *Zaun*. Mit welcher Memobrücke Sie nun **CLOTÛRE** und *Zaun* miteinander verbinden, bedarf wohl keiner näheren Erklärung mehr, oder?

Teil Ihres Sprachschatzes werden diese für Sie neuen Wörter (oder auch Vokabeln) jedoch nur, wenn Sie sie auch aktiv verwenden. Doch denken Sie daran, dass es Sie nicht unbedingt klüger aussehen lässt, wenn Sie ein Fremdwort jemandem gegenüber benutzen, der es garantiert nicht kennt. Man könnte Sie dann eher für überheblich halten!

Wortschatzübungen mit ABC-Listen

ÜBUNG 14

Nehmen Sie ein *beliebiges Wort* und schreiben Sie es auf ein Blatt Papier. Darunter schreiben Sie in jeder Zeile einen Buchstaben des Alphabets. Nun lassen Sie sich zu jedem Buchstaben von A bis Z eine Assoziation oder ein Synonym einfallen. Wenn Ihnen mehrere Wörter pro Buchstabe einfallen, umso besser. Auf diese Weise spielen Sie mit Ihrem eigenen Wortschatz und machen ihn sich verfügbarer. Wenn Ihnen gar nichts mehr einfällt, können Sie Synonyme oder Antonyme nachschlagen – es gibt eigene Wörterbücher dafür. Das sieht dann so aus:

LIEBEN

***A**nbeten, **B**egehren, **C**harmeur, fest **D**rücken, **E**hren, **F**lirten, **G**eliebter, **H**erz / **H**ingabe, **I**nnigkeit / für **I**mmer dein, **J**a-Sagen, **K**üssen, **L**ebenselixier / **L**eidenschaft, **M**ut, **N**ie mehr allein, **O**rgasmus, **P**artnerwahl, **Q**uelle der Freude, **R**endezvous, **S**chmetterlinge im Bauch / **S**chmachten, **T**rennungsschmerz / **T**rost, **U**nwiderstehlich, **V**alentinstag / **V**erbunden sein / sein Herz **V**erschenken **W**armherzig, **X**xx (SMS-Sprache für »Küsse«), **Y**...?, **Z**uneigung, **Z**ärtlichkeit*

Wortschatz für Fortgeschrittene

ÜBUNG 15

Wenn Sie bemerken, dass Sie dazu neigen, bestimmte Wörter, wie zum Beispiel *super*, besonders häufig zu verwenden – suchen Sie mit Hilfe einer *ABC-Liste* nach anderen Formulierungen und heben Sie in Vergessenheit geratene Schätze wieder ans Licht!

Möchten Sie es gleich hier ausprobieren? Ich beginne und Sie machen weiter – ab Seite 209 gibt es dann Vervollständigungs- und Vergleichsmöglichkeiten.

A	**A**temberaubend, **A**ttraktiv, ...
B	**B**eeindruckend, **B**emerkenswert, ...
C	**C**harismatisch, **C**ool, ...
D	...
E	...
F	...
G	
H	
I	
J	
K	
L	
M	
N	
O	
P	

Q	
R	
S	
T	
U	
V	
W	
X	
Y	
Z	

Weitere Schätze sammeln

Notieren Sie sich jede gute Formulierung, die Ihnen unterkommt (gern auch handschriftlich! Siehe Kapitel 4). Einmal in der Woche – zum Beispiel an jedem Sonntag – wiederholen Sie die Formulierungen, die sich angesammelt haben.

Aus dem passiven in den aktiven Wortschatz holen

Sprechen Sie Sätze, die Sie hören, etwas zeitversetzt nach, wie ein Simultandolmetscher, nur dass Sie dabei nicht übersetzen, sondern den Satz einfach wiederholen, weil er Ihnen gefallen hat. Das können Nachrichten im Radio sein oder interessante Berichte im Fernsehen. Dasselbe gilt für Geschriebenes: Lesen Sie laut Sätze aus Ihrer Morgenzeitung. Oder fassen Sie für Ihre

Frau oder Ihren Mann einen Zeitungsartikel zusammen, den Sie gerade gelesen und für interessant befunden haben. Vor allem bei der zuletzt genannten Übung – einen interessanten Inhalt laut zusammenzufassen – trainieren Sie auch »Sprech-Denken« oder »Denk-Sprechen«. Ingrid Amon[29], die »Grande Dame der Stimme«, beschreibt dies in ihrem neuesten Buch *Meine Stimme, mein Erfolg* als »kluges, gedankenvolles, spontanes, präsentes Sprechen«. Hier muss sich das Gehirn beim Sprechen dem Sprechprozess unterordnen und den Inhalt so langsam zuliefern, dass der Mund die Chance hat, das Gedachte laut auszusprechen. Durch dieses »gedankenvolle« Sprechen geben wir gleichzeitig unserem Gedächtnis die Chance, noch nicht so vertraute Wörter aus unserem passiven in den aktiven Wortschatz zu übernehmen.

»Wer sich nicht um den herrlichen Reichtum der eigenen Sprache bemüht, der wählt – an der üppig gedeckten Tafel sitzend – den Hunger«, schreibt Marilyn Vos Santos in ihrem wirklich empfehlenswerten Buch *Brain Building*. Sprachreichtum ist noch dazu etwas, das gar nicht teuer ist!

»GESCHICHTLICHE GELENKIGKEIT«

DIE MIT DEM KÖRPER ARBEITENDE *LOCI-METHODE* haben wir beim Einkaufszettel bereits kennengelernt.

Wir können nun an unserem Körper auch Inhalte verankern, die wir in unser Allgemeinwissen übernehmen wollen. So habe ich mir, aus einer spontanen Motivation heraus, unsere österreichischen Bundespräsidenten seit 1945 innerhalb von einigen Minuten dauerhaft eingeprägt – einfach dadurch, dass ich ihre Namen in aufsteigender und chronologischer Reihenfolge an meinem Körper verankert habe.

Eine kleine Vorbemerkung sei vorab hier gestattet. Das Einprägen der Namen der Präsidenten und auch des einen oder anderen ihrer Verdienste auf humorvoll-kreative Weise ist ausschließlich als Würdigung zu verstehen. Es handelt sich um wichtige, bemerkenswerte Persönlichkeiten unserer Geschichte – im wahrsten Sinne des Wortes *des Merkens wert.*

Wenn Sie Lust haben, sich diese Liste an Namen ebenfalls auf amüsante und ganz unanstrengende Art zu merken, dann nehmen Sie sich einige Minuten Zeit. Gehen Sie mit mir im Geist an Ihrem Körper entlang von unten und nach oben und stellen Sie sich die folgenden Bilder und Verknüpfungen möglichst deutlich – mit allen Sinnen – vor. Das Wissen, das Sie anschließend dauerhaft zur Verfügung haben, wird zwar schon in der Überschrift verraten. Denken Sie jedoch im Moment nicht daran, sondern konzentrieren Sie sich uneingeschränkt auf das kreative Nachvollziehen der *merk*-würdigen Bilder, die sich jetzt gleich auf Ihrem Körper befinden werden.

Die österreichischen Bundespräsidenten seit 1945

ÜBUNG 16

1. Wir beginnen bei unseren **FÜSSEN**. Stellen Sie sich vor, wie Sie – am besten barfuß – auf einer für Sie wohltuenden Unterlage ***RENNEN***. Das mag für den einen ein warmer Sandstrand sein, für die andere vielleicht eine taufrische Wiese oder ... Nehmen Sie einfach Ihr eigenes Bild!

KARL RENNER, 1945–1950

2. Nun kommen wir zu unseren **KNIEN**. Hier lautet die Assoziationsaufgabe: **KÖRNER** müssen hier deponiert werden. Sie könnten sich also nach dem *Rennen* in den weichen Sand knien und spüren, wie sich die Sand***KÖRNER*** an Ihren Knien anfühlen ...

THEODOR KÖRNER, 1951–1957

3. Inzwischen sind wir bei unseren **OBERSCHENKELN** angelangt. Hier wird es am linken Oberschenkel *scharf*, und am rechten sogar noch ***SCHÄRFER***. Welche Verknüpfungsmöglichkeit fällt Ihnen hier ein? Ich stelle diese Frage auch in meinen Vorträgen oder Seminaren, wenn diese Geschichte »dran« ist. Hier einige Antworten meiner Zuhörerinnen: *links süßer Senf, rechts ein viel schärferer / links ein Paprika, rechts ein Pfefferoni, denn der ist viel schärfer / links (knielange) Shorts, rechts (viel kürzere) Hot Pants etc.*

ADOLF SCHÄRF, 1957–1965

4. An der vierten Stelle an unserem Körper kommen wir zu unserem **GESÄSS** oder – wie es umgangssprachlich heißt – unseren *vier Buchstaben*. Jetzt geht's im Dialekt(!) weiter und auch unser Memoriermaterial hat vier Buchstaben. Vielleicht können Sie sich nicht entscheiden? Sie klopfen sich auf eine Backe und sagen laut und deutlich: ***»JO!«*** Dann dasselbe auf der anderen Seite, allerdings mit ***»NA!«***.

FRANZ JONAS, 1965–1974

5. Mittlerweile sind wir bei unserer **MITTE** angelangt: Wir tragen hier einen extravaganten Gürtel, vielleicht aus feinem, schmalen Leder, an dem abwechselnd kleine Gegenstände baumeln: eine ***KIRCHE***, dann ein ***SCHLÄGER***, dann wieder eine ***KIRCHE***, gefolgt von einem weiteren ***SCHLÄGER*** usw. Bedienen Sie sich einfach aus allen Sportarten, in denen ein Schläger gebraucht wird.

RUDOLF KIRCHSCHLÄGER, 1974–1986

6. Angelangt bei der **BRUST**: Stellen Sie sich auf einer – am besten behaarten – Männerbrust einen ***WALD*** vor, in dem es ein ***HEIM*** für verlassene Tiere gibt ...

KURT WALDHEIM, 1986–1992

7. Auf unseren **SCHULTERN** müssen wir ***KLEE*** verankern, und zwar mit einem besonders langen ***STIEL***. Das kann ein Tattoo sein oder ein echtes Kleepflänzchen, das auf/aus Ihrer Schulter wächst ... Sie wissen als mittlerweile »Gedächtnis-Profi«: *Je absurder, desto wirkungsvoller!*

THOMAS KLESTIL, 1992–2004

8. Jetzt sind wir bei unserem **HALS** angelangt. Wir stellen uns eine wunderschöne *Halskette* vor mit einem großen, silbernen Anhänger in Form eines ***FISCHES***.

HEINZ FISCHER, 2004–2016

9. Und nach einigem Hin und Her sitzt nun auf unserer **NASE** ein kleiner *Hund* ... der nicht aufhören kann zu ***BELLEN***.

ALEXANDER VAN DER BELLEN, SEIT 2017

Ich bin überzeugt, es fällt Ihnen nun leicht, die Liste aller österreichischen Bundespräsidenten seit 1945 in der Tabelle auf Seite 201 einzutragen!

Deutsche Bundespräsidenten seit 1949

Nun wollen wir uns auch den Bundespräsidenten Deutschlands seit 1949 zuwenden. Falls Sie sich jetzt fragen: Wie soll das alles nebeneinander Platz haben? Keine Sorge. Sie werden es selbst erfahren: Es ist kein Problem, sich unterschiedlichstes Wissen mit der beschriebenen Methode zu merken. Ihr Gehirn unterscheidet sogar zwischen vorübergehend Eingeprägtem wie einer Einkaufs- oder To-do-Liste (die nach Gebrauch wieder verschwindet) und Fakten aus dem Allgemeinwissen, die Sie sich langfristig merken möchten.

ÜBUNG 17

Spontaner Vorschlag: Wir begeben uns gedanklich ins *Schloss Bellevue in Berlin*, seit 1994 der offizielle erste Amtssitz des deutschen Bundespräsidenten (neben der Villa Hammerschmidt in Bonn).

Dort beginnen wir wieder bei unseren **FÜSSEN**. Wir sitzen gemütlich im Garten, mit etwas kalten Zehen. Daher stecken wir sie in einen Tee – nur, der ist ziemlich *heuss*, ... *heiß* (***THEODOR HEUSS,*** *1949–1959*). Dieser erste Bundespräsident Deutschlands war übrigens so beliebt, dass 1959 sogar über eine Grundgesetzänderung nachgedacht wurde, um ihm eine dritte Amtszeit zu ermöglichen.

Weiter geht es bei unseren **KNIEN**. ***HEINRICH LÜBKE,*** *Bundespräsident von 1959 bis 1969*. Wir machen es uns ganz einfach und stellen uns eine riesige *Lücke* zwischen den **KNIEN** vor.

GUSTAV HEINEMANN war der nächste Präsident. Er blieb eine Periode im Amt, von *1969–1974*. Sein Platz ist an unseren **OBERSCHENKELN**, es darf auch eine *Hosentasche* sein. Ich stelle mir vor, dass ich eine gute CD von *Heino* eingesteckt habe – und diese Gedankenverbindung hilft mir, hier dann später ***GUSTAV HEINEMANN*** abrufen zu können. Natürlich wäre auch ein ganz spezielles Tattoo eine Möglichkeit, wo ein *»Hai 'nen Mann«* frisst – aber das widerspräche meinem »Vertrag« mit mir selbst, nur mit positiven Bildern zu arbeiten.

Mittlerweile sind wir bei unserem **GESÄSS** angelangt. ***WALTER SCHEEL*** *(1974–1979)* wurde unter anderem bekannt mit dem Lied »Hoch auf dem gelben Wagen«, das er für die »Aktion Sorgenkind« auf Schallplatte einsang. Setzen wir uns also mit unserem Allerwertesten einfach neben ihn auf den Wagen und singen lauthals mit! *(»Scheel ansehen«* lassen wir uns dafür aber nicht ...)

Auf Platz Nummer fünf, unserer **TAILLE**, da tragen wir, wie bei den österreichischen Bundespräsidenten, auch einen *Gürtel*. Nur hängen hier keine Schläger, sondern – lauter kleine Autos, also: *cars, cars, cars*. Gilt es doch, ***KARL CARSTENS*** *(1979–1984)* hier »abzulegen«. Das ist besonders *merk*würdig oder *des Merkens würdig*, da ***KARL CARSTENS*** das Auto öfter stehen ließ und nicht zuletzt wegen seiner zahlreichen Wanderungen(!) durch die Bundesrepublik ein sehr beliebter Präsident war.

Für den nächsten Präsidenten, ***RICHARD VON WEIZSÄCKER*** *(1984–1994)* drängt sich die Assoziation *richtige Weizensäcke* förmlich auf. Wie Sie diese an dem nächsten Haken (der **BRUST**) befestigen, überlasse ich gern Ihrer Fantasie. Unvergessen – nun wieder auf einer etwas sachlicheren Ebene – bleibt *von Weizsäckers Rede* am 8. Mai 1985 im Bundestag, am 40. Jahrestag des Kriegsendes.

ROMAN HERZOG *(1994–1999)* war der erste Bundespräsident, der von Anfang an seinen Amtssitz im besagten Berliner Schloss Bellevue hatte. Bekannt blieb seine Berliner Rede von 1997, in der er forderte, dass »ein *Ruck* durch Deutschland« gehen müsse. Nun, das können wir doch sehr gut an unserem nächsten Haken, den **SCHULTERN**, verankern. Wir balancieren dort einfach einen *Roman*, der von einem *Herzog* handelt! Und dem müssen wir öfters einen *Ruck* geben, damit er nicht herunterfällt ...

Nächster Haken ist unser **HALS**. Der ist heute etwas *rau* ... kein Wunder: Wir stellen uns vor, dass ***JOHANNES RAU*** *(1999–2004)* hier abgelegt ist. Er sprach übrigens im Jahr 2000 als erstes deutsches Staatsoberhaupt vor dem israelischen Parlament, der Knesset, und bat das jüdische Volk und Israel in deutscher Sprache um Vergebung für die Verbrechen des Holocaust. Das könnten wir uns doch gleich hier dazu merken!

Bei ***HORST KÖHLER*** *(2004–2010)* sehen wir an seiner Amtszeit (weder fünf noch zehn Jahre), dass er dieses eine Jahr nach seiner Wiederwahl mit einem überraschenden Rücktritt beendete. Wir sind mittlerweile schon bei Haken Nummer neun, unserer **NASE**, angelangt. Also – mit etwas *Kohle* einen schwarzen Punkt draufgemalt – und schon haben wir uns ***HORST KÖHLER*** hier gemerkt.

Auf unserem **KOPF** – Haken Nummer 10 –, da sitzt ein kleiner *Wolf*. Warum? ***CHRISTIAN WULFF*** *(2010–2012)* folgte als nächster Präsident. Auch er trat vorzeitig aus dem Amt zurück.

Für den vorletzten Bundespräsidenten Deutschlands, ***JOACHIM GAUCK*** *(2012–2017)* fällt mir leider nur eine nicht sehr »stimmige« Memo-Brücke ein – ein Wort, dessen ursprünglich positive Bedeutung *Unterhaltungskünstler* im Laufe der Geschichte eher negativ konnotiert war. Diese Assoziation möchte ich hier nicht verwenden. Warum?

Weil es natürlich auch möglich ist, ohne eine solche Memo-Brücke auszukommen. Wir merken uns Bundespräsident ***JOACHIM GAUCK*** »einfach so«, als Person! Als Alternative schlage ich zum Verankern von Präsident Nummer 11 und aller zukünftigen Präsidenten ein neues »Ablagesystem« vor: *unser (oder ein) Auto*. Ja, und damit lassen wir doch ganz einfach Herrn ehemaligen Bundespräsidenten ***GAUCK*** frohen Mutes an uns vorbei aus Schloss Bellevue fahren, in seinen wohlverdienten Ruhestand! Und den aktuellen Bundespräsidenten Deutschlands, Herrn ***FRANK-WALTER STEINMEIER***, den merken wir uns auch so, ganz ohne Memo-Brücke!

1949–1959	**THEODOR HEUSS**
1959–1969	**HEINRICH LÜBKE**
1969–1974	**GUSTAV HEINEMANN**
1974–1979	**WALTER SCHEEL**
1979–1984	**KARL CARSTENS**
1984–1994	**RICHARD VON WEIZSÄCKER**
1994–1999	**ROMAN HERZOG**
1999–2004	**JOHANNES RAU**
2004–2010	**HORST KÖHLER**
2010–2012	**CHRISTIAN WULFF**
2012–2017	**JOACHIM GAUCK**
seit 2017	**FRANK-WALTER STEINMEIER**

»The Naked Stranger« oder: Präsidenten der USA seit 1945

Und nach dem Motto »Aller guten Dinge sind drei« hier eine weitere, kreative Trainingseinheit mit »mentalem Mehrwert«. Wenn Sie sich die Bilder dieser Merkgeschichte so lebhaft wie möglich vorstellen (und diese anschließend ein paar Mal wiederholen), haben Sie nach den österreichischen und deutschen Bundespräsidenten auch die amerikanischen Präsidenten seit 1945 in Ihrem Gedächtnis gespeichert. Wir verwenden diesmal nicht die *Loci-Methode*, sondern arbeiten mit *Denken in Bildern*.

ÜBUNG 18

Der Titel unserer Merkgeschichte lautet *The Naked Stranger*. Der erste Präsident seit 1945, ***HARRY S. TRUMAN,*** ist bereits im Untertitel unserer Geschichte vorhanden: ... *and this story is really true, man!* ***(HARRY S. TRUMAN, 1945–1953)***

Wir befinden uns in einer einsamen Prärielandschaft irgendwo in den USA und sehen dort einen Farmer, der mit einer *eisernen Haue* ***(DWIGHT EISENHOWER, 1953–1961)*** den kargen Boden bearbeitet. Ein großer Unbekannter, in einen langen schwarzen Mantel gekleidet, kommt auf den unermüdlich arbeitenden Bauern zu. Als der große Unbekannte vor unserem Farmer wortlos stehenbleibt, richtet sich dieser auf, wischt sich den Schweiß von der Stirn und fragt ihn etwas unwirsch: *»Kenn' i di?«* ***(JOHN F. KENNEDY, 1961–1963)*** Der Fremde wirft stolz seinen Kopf zurück und antwortet mit lauter Stimme, ebenfalls im breiten Dialekt: *»I bin Johns Sohn* ***(LYNDON B. JOHNSON, 1963–1969)*** *und i hob – nix on!!!«* ***(RICHARD M. NIXON, 1969–1974).*** Dabei reißt er seinen Mantel auseinander – und, etwas erschrocken, sieht der Farmer dessen Worte bestätigt ... Doch bevor er noch etwas sagen kann, geht der Fremde wieder *fort* ***(GERALD R. FORD, 1974–1977)*** und nimmt dabei ein Päckchen *Karten* ***(JIMMY CARTER, 1977–1981)*** aus seiner Manteltasche, um damit zu spielen. Doch plötzlich fängt es an zu *regnen* ***(RONALD REAGAN, 1981–1989)*** – und weit und breit kein Unterschlupf zu sehen, nur ein alter, verdorrter *Busch* ***(GEORGE HERBERT WALKER BUSH SEN., 1989–1993).*** Unter diesen hockt sich unser (doch nur spärlich bekleideter) Fremder, um zumindest ein wenig geschützt zu sein. Da ertönt wieder aus der Manteltasche ein offensichtlich vertrauter *Klingelton* ***(BILL CLINTON, 1993–2001)***, er hebt sofort ab, springt dabei ehrerbietig auf und antwortet mit pflichtbewusster Stimme: »Jawohl, Herr Präsident, ich bin im *Busch*!« ***(GEORGE W. BUSH JUN., 2001–2009)***. Unser (fast) »naked stranger« merkt, dass er hier nicht wirklich in Ruhe Karten spielen kann.

Doch zum Glück sieht er nun in der Ferne eine Baracke, und davor stehen – auf gut Kärntnerisch oder Bayerisch, ein paar *»olte Bama«*[30] ***(BARACK OBAMA, 2009–2017)***. Er geht hinein – und trifft auf den frisch gekürten 45. Präsidenten der USA. Ausgehend vom Thema Kartenspielen, drängt sich für dessen Namen die Assoziation *Trumpfkarte* auf ***(DONALD TRUMP, AB 2017)***.

Sind Sie nun ordentlich ins Schwitzen gekommen bei diesem Denkmarathon? Ich hoffe, Sie stöhnen nun gerade nicht und fragen sich, wozu das denn alles gut sein soll – wo doch ohnehin alles im Internet steht.

Ja, es mag kurzfristig einfacher sein, Ihr Denken dem Smartphone zu überlassen. Doch stellen Sie sich nur vor, wie viel einfacher und vor allem zeitsparender es ist, im Bedarfsfall nicht jedes Mal Ihr Handy zücken zu müssen, um eine Antwort zu haben. Stattdessen liefert Ihr Gehirn in Sekundenschnelle! Ganz abgesehen davon, dass es schon einen *smarten* Eindruck macht, wenn jemand so viel weiß wie Sie!

Natürlich wollen wir Wikipedia & Co. nicht abschaffen. Das Internet ist zweifellos eine Errungenschaft, die wir uns zunutze machen sollen. Entscheidend ist lediglich, dass Sie, sobald Sie etwas im Internet nachschlagen, die neue Erkenntnis nicht gleich wieder mit einem Wisch in den Cyberspace schicken, sondern versuchen, sie sich auch zu merken. Gönnen Sie Ihrem Gehirn so oft wie möglich neues Wissensfutter, damit es dies mit dem bereits vorhandenen gut verknüpfen kann.

»GEOGRAFISCHE TURNÜBUNGEN«

WISSEN SIE, WO GENAU VANUATU IST? In diesem Inselstaat im Südpazifik werden 110 Sprachen gesprochen. Mit dieser Menge an Sprachen hat Vanuatu die höchste Sprachendichte (Sprachen pro Einwohner) der Welt. Dieser Staat ist mir »zugefallen«, als ich mir einmal der Länder unserer Welt mit ihren Hauptstädten als Trainingsmaterial vorgenommen hatte.

Meist ist es ja so, dass man sich solche Dinge erst dann merkt, wenn man dort seinen Urlaub verbracht hat. Doch nachdem wohl die wenigsten jedes Land der Erde bereisen werden, können wir unser Allgemeinwissen auch auf andere Art erweitern – auf eine Art, die unser Budget nicht einmal strapaziert!

Landeshauptstädte Deutschlands – von Süd nach Nord

Auch »geografisches Allgemeinwissen« lässt sich wunderbar mit der *Loci-Methode* an unserem Körper verinnerlichen. Wir merken uns damit zum Beispiel die Hauptstädte der zehn Bundesländer der ehemaligen BRD.

ÜBUNG 19

Schritt 1: Wir stellen uns einen Fan des **FC BAYERN MÜNCHEN** mit einem (mehr als) *merk*-würdigen Outfit so bunt und lebhaft wie möglich vor – von Kopf bis Fuß **(MÜNCHEN)**. Da wären zunächst seine Schuhe – selbstverständlich in den Farben rot/weiß gehalten, mit kleinen Fußbällen am Ende der Schnürsenkel. Sein Bauch ist übrigens grasgrün – kein Wunder, er wirft sich nach jedem Tor seiner Mannschaft in eine **WIESE** und **»BADET«** förmlich darin **(WIESBADEN)**. Auch dazwischen gibt es noch viel Bemerkenswertes an ihm: Auf seinen Knien hat er seltsame Tattoos: auf dem einen eine **STUTE**, auf dem anderen einen bunten **GARTEN**(!) **(STUTTGART)**. Zwischen seinen kräftigen Oberschenkeln spannt sich eine **SAGENHAFTE BRÜCKE (SAARBRÜCKEN)**, und aus den Gesäßtaschen seiner kurzen Hose schauen ganz vergnügt viele kleine **MAINZELMÄNNCHEN (MAINZ)**. Sie amüsieren sich nicht nur über seinen grasgrünen Bauch, sondern auch über seine Brustwarzen: Die haben nämlich die Form einer **DÜSE** – und wenn man genauer hinsieht, kann man rundherum ein kleines **DORF** eintätowiert erkennen **(DÜSSELDORF)**. Auf seiner Schulter sitzt sein Talismann – es ist ein kleiner **HAHN** in einem **OVERALL (HANNOVER)**. Weil Fußballer gerne goldenen Schmuck tragen, hat er ebenfalls eine dicke Goldkette um seinen Hals gelegt. Als Anhänger sind dort die **BREMER STADTMUSIKANTEN** aufgefädelt **(BREMEN)**. Und weil er gerade so hungrig ist, beißt er mit viel Appetit in einen riesigen **HAMBURGER (HAMBURG)**. Auffallend ist auch seine ungewöhnliche Frisur: Die Haare stehen kerzengerade nach oben und laufen dann **KIELFÖRMIG** zusammen **(KIEL)**.

Schritt 2: Schließen Sie kurz die Augen und testen Sie, ob Sie sich nun diesen Fan in seinem seltsamen Outfit von Kopf bis Fuß (oder von unten nach oben) gut vorstellen können. Vor allem die *fett gedruckten Wörter* in seiner Beschreibung sollten als *einprägsame Bilder* gut verankert sein (je absurder, umso leichter zu merken).

Apropos Merken – wir kommen zum *Schritt 3:* Sie haben sich nun die Hauptstädte der zehn Bundesländer der ehemaligen BRD gemerkt – und zwar von Süd nach Nord. Die Hauptstädte der fünf neuen Bundesländer plus Berlin gibt es dann anschließend in einer eigenen *Merkgeschichte*.

KÖRPERTEIL OUTFIT	**BILD**	**HAUPTSTADT**
FÜSSE	Schuhe in den Farben des FC Bayern München	**MÜNCHEN**
KNIE	zwei Tattoos: Stute und Garten	**STUTTGART**
OBERSCHENKEL	eine »sagenhafte Brücke«	**SAARBRÜCKEN**
GESÄSS	Mainzelmännchen aus Gesäßtasche	**MAINZ**
BAUCH	grasgrün – von einer Wiese, in der er »badet«	**WIESBADEN**
BRUST	Düsen – und rundherum ein Dorf tätowiert	**DÜSSELDORF**
SCHULTER	ein Hahn in einem Overall	**HANNOVER**
HALS	Kette mit Bremer Stadtmusikanten	**BREMEN**
MUND	beißt in einen Hamburger	**HAMBURG**
KOPF	»kielförmige« Stehfrisur mit viel Gel	**KIEL**

Auf Seite 210 können Sie Ihr frisch erworbenes Wissen testen – entweder sofort oder erst nach einem weiteren Kapitel. Sie werden staunen, wie viel davon – auch nach einer Pause – noch vorhanden ist. Und die »Macht der (kreativen) Bilder« aufs Neue wieder erleben!

Haben Sie Lust, sich nun auch alle 16 alten und neuen Bundesländer Deutschlands mit ihren Hauptstädten einzuprägen? Dann begleiten Sie doch den FC Bayern München auf eine erinnerungswürdige Reise …

Die seltsame Reise des FC Bayern München

ÜBUNG 20

Womit wir gleich beim Thema wären: Die Spieler des FC Bayern *München* **(BAYERN – MÜNCHEN)** hatten leider ein entscheidendes Match verloren. Sie waren schlicht und einfach baden gegangen. *Wütend* stürmten sie einen *Berg* hinauf und, oben angekommen, schwangen sie sich auf ihre *Stuten*, die in einem *Garten* **(BADEN-WÜRTTEMBERG – STUTTGART)** auf sie warteten. Jetzt machten sie sich auf eine wundersame Reise, auf der es wirklich viel zum Sich-Wundern gab. Zunächst *sahen* sie ein *Land*, in dem *sahen* sie lauter *Brücken* **(SAARLAND – SAARBRÜCKEN)**. Dann ritten sie weiter und kamen in ein vollkommen *reines Land*, in dem es nur *Pfahl*bauten gab. Dort tummelten sich tausende *Mainz*elmännchen **(RHEINLAND-PFALZ – MAINZ)**. Das war unseren Reisenden zu viel – sie *hetzten* weiter und gingen dann erschöpft in einer *Wiese baden* **(HESSEN – WIESBADEN)**. Und als sie sich hier so ausruhten, wuchsen plötzlich rund um sie riesige *Türen* aus dem

Boden – und voller *Ehrfurcht* **(THÜRINGEN – ERFURT)** vernahmen sie nun eine laute (wahrlich Ehrfurcht gebietende) Stimme: *Sachsen*, sofort *anhalten*! Eine *Magd* sitzt auf einer *Burg* **(SACHSEN-ANHALT – MAGDEBURG).** *Sachsen*, die müsst ihr *dresden* ... ähhh ... *trösten*!! **(SACHSEN – DRESDEN)**. Unsere Mannen erkannten auch sofort, wo das Problem lag: Sie *brannte*, die *Burg*! Also retteten sie flugs das Mägdelein und nahmen es mit auf ihrer weiteren Reise. Die ging nämlich mit einem *Boot* weiter, doch leider fuhren sie damit gegen einen *Damm* ... **(BRANDENBURG – POTSDAM)**. Zum Glück war es nicht mehr weit bis zur Hauptstadt *Berlin* **(BERLIN)**, und dort machten sie kurz Zwischenstation. Doch schon bald fing das Mägdelein an zu *meckern* – es wollte zurück auf die *Burg* (das kann ja mal *vorkommen*, oder?). Es war *schwer, in* diesem Meckern nicht durchzudrehen **(MECKLENBURG-VORPOMMERN – SCHWERIN)**. *Schließlich* gingen sie *weg, holten* sich einen *Stein* und befestigten ihn vorne am *Kiel* ihres Bootes **(SCHLESWIG-HOLSTEIN – KIEL).** Jetzt stärkten sich alle zunächst mit zahlreichen *Hamburgern* **(HAMBURG)**. Allerdings tranken sie dazu auch einige Gläschen über den Durst – sie waren nicht zu *bremsen* **(BREMEN)**! Übermütig riefen sie laut: *»Nieder mit den Sachsen!«* Am nächsten Morgen hatten dann alle einen gehörigen *Hangover* **(NIEDERSACHSEN – HANNOVER)**. Am Schluss dieser merkwürdigen Reise lassen wir nun unsere wackeren Fußballer zurück mit folgendem Bild: Ein *reines Nordlicht* fällt vom *Westen* ein und erhellt ihre *fahlen* Gesichter. Und aus einem Lautsprecher erklingt – etwas abgewandelt - das Lied von Dorthe Kollo »Wärt ihr doch in *Düsseldorf* geblieben« ... **(NORDRHEIN-WESTFALEN – DÜSSELDORF)**[31]

Bundesland	Hauptstadt
1 | Bayern	München
2 | Baden-Württemberg	Stuttgart
3 | Saarland	Saarbrücken
4 | Rheinland-Pfalz	Mainz
5 | Hessen	Wiesbaden
6 | Thüringen	Erfurt
7 | Sachsen-Anhalt	Magdeburg
8 | Sachsen	Dresden
9 | Brandenburg	Potsdam
10 | Berlin	Berlin
11 | Mecklenburg-Vorpommern	Schwerin
12 | Schleswig-Holstein	Kiel
13 | Hamburg	Hamburg
14 | Bremen	Bremen
15 | Niedersachsen	Hannover
16 | Nordrhein-Westfalen	Düsseldorf

Merkwürdige Merksätze

In unserem Fitness-Studio fürs Gehirn wird intensiv mit kreativen Bildern gearbeitet, mit Assoziationen, die sich aus dem *Memoriermaterial* ableiten und die wir als Geschichte miteinander verknüpfen. Oder mit in Bildern übersetzten Gedankenverbindungen, die wir an bestimmten Orten ablegen – und sei dieser Ort auch das Zifferblatt einer Uhr.

Es gibt noch ein weiteres *Trainingsgerät*, das sich hier ideal eignet: die *Anfangsbuchstaben* der Begriffe, die wir uns merken wollen. Auch sie lassen sich zu einem vergnüglichen *Merksatz* verknüpfen. Dieser sollte natürlich prägnant, aussagekräftig und, wenn möglich, auch inhaltlich zum jeweiligen Faktenwissen hinführen. Denn was nützt mir ein witziger Satz, wenn ich nicht mehr weiß, was ich mir damit eigentlich merken wollte!

ÜBUNG 21

Ich habe hier ein erstes Beispiel für Sie. Möchten Sie sich die sechs Zwergstaaten Europas von klein nach groß merken? Dann könnte Ihnen folgender Anfangsbuchstaben-Merksatz dabei helfen:

»**VATIKAN**ISCHE **M**ÖNCHE **SA**HEN **LIE**BE **MAL AND**ERS!«

Die sechs europäischen Zwergstaaten:

Land	**Fläche km²**	**Einwohner**
Vatikanstadt	0,44	ca. 750
Monaco	2,03	32.965
San Marino	61,00	33.031
Liechtenstein	160,00	37.468
Malta	316,00	413.965
Andorra	468,00	71.732

Oder: Wäre es nicht praktisch, vor Reisen in ein europäisches Land sofort zu wissen, ob ich in Euro bezahlen kann oder mein Geld in die Landeswährung wechseln muss? Ich habe mir auch dazu einen Merksatz zurechtgelegt. Die eigenwillige Rechtschreibung beim letzten Wort (»pezahlen«) ist dem Land Polen geschuldet.

»**B**EI **UN**S **K**ANNST **D**U **RU**HIG **T**AUSENDMAL **SCH**NELLER **P**EZAHLEN!«

→ **BULGARIEN, UNGARN, KROATIEN, DÄNEMARK, RUMÄNIEN, TSCHECHIEN, SCHWEDEN, POLEN** haben noch eine eigene Währung und sind keine Mitglieder der Euro-Zone.

Bevor ich Ihnen mein drittes Beispiel nenne: Erinnern Sie sich noch an den **TORERO IN IHRER KÜCHE**, der am Platz Nummer fünf auf Sie wartet? Dort hatten wir die sieben einwohnerstärksten EU-Länder abgelegt – Deutschland, Frankreich, Großbritannien, Italien, Spanien, Polen und Rumänien. Wie sieht es mit der Reihung der Länder innerhalb der EU nach ihrer Größe aus? Machen wir es umgekehrt – ich nenne Ihnen die Länder zuerst:

Europäische Union: Flächen der Mitgliedstaaten 2016 (km²)

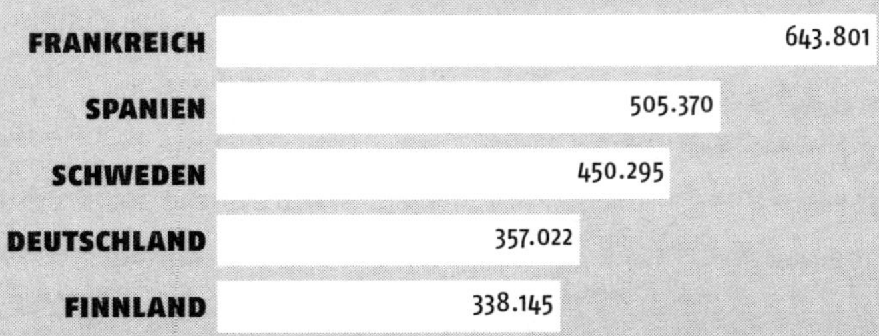

Hier ist es mir, zugegeben, nicht gelungen, den oben erwähnten Bezug zum Merkinhalt in meinem Merksatz einzubauen. Dafür habe ich mehrere Möglichkeiten zur Auswahl. Hier zur Inspiration meine Vorschläge – ich bin überzeugt, Sie finden noch viele weitere!

FRANZOSEN SPRECHEN SCHNELL, DEUTLICH, FLIESSEND.

FRANZ SPAZIERT (MIT) SCHWESTER DEUTLICH FLOTTER.

FRANZÖSISCHE SPANIELS SCHWIMMEN DURCH FINNLAND.

»MUSIKALISCHE MUSKELSPIELE«

IN MEINEM ERSTEN BUCH SIND DIE 13 wichtigsten Opern Richard Wagners in einem Wagen abgelegt. Um uns die Opern des im gleichen Jahr geborenen Giuseppe Verdi (1813) – geordnet nach dem Jahr ihres Entstehens – zu merken, greifen wir auf die bewährte *Geschichten-Methode* zurück. Ich bitte um Nachsicht bei allen Verdi-Liebhabern, wenn wir diese Operntitel in eine – zugegeben absurde – *Merkgeschichte* verpacken. Sie haben diese Merkhilfe selbstverständlich nicht nötig, doch für viele andere bietet sie ein willkommenes Merkgerüst, um sich einen Überblick zu verschaffen. Nebenbei werden Vorstellungsvermögen, Assoziations- und Merkfähigkeit trainiert, und irgendwann wird dieses Gerüst dann überflüssig. Dann nämlich, wenn durch dieses spielerische Herangehen das Interesse an den dahinter verborgenen Wissensinhalten geweckt wird. Denn, um es mit den Worten des deutschen Pädagogen Hartmut von Hentig auszudrücken: »Nur Fakten, die ein Denken auslösen, sind es wert, gewusst zu werden.«

Die wichtigsten Verdi-Opern – chronologisch geordnet

ÜBUNG 22

Nun aber zu unserer »Verdi«-Geschichte: Stellen Sie sich vor, Sie fahren auf einer Autobahn, sind schon ziemlich hungrig und sehen zum Glück in der Ferne die zwei markanten »gelben Bögen« auftauchen, aber … **»NA BUMM!«**, ruft plötzlich Ihre Beifahrerin: »Was ist denn heute beim **MACKIE** los? Die Tafel mit dem goldenen ›M‹ hängt verkehrt herum – die schaut aus wie zwei V!«

Sie beschließen, stehen zu bleiben und sich alles aus der Nähe anzuschauen – hungrig sind Sie schließlich auch! Im Inneren des Gebäudes stellt sich gerade vor Ihnen eine fesche **MÜLLERSTOCHER** (wie direkt aus dem Märchen entsprungen) an, Sie erfahren, dass ihr Name **LUISA** ist. Gerade, als sie zum Bestellen dran wäre, wird plötzlich ein **RIEGEL** vor die Eingangstür geschoben – und natürlich bricht jetzt ein wilder **TRUBEL** aus. Irgendwie gelingt es Luisa, unter dem Riegel durchzuschlüpfen und ins Freie zu gelangen. Dort wartet ein **TRABI** mit laufendem Motor, drinnen eine Menge lustiger junger Leute, die rufen ins Lokal hinein: »Kommt doch mit – wir fahren zu einem **MASKENBALL**!« Kurz entschlossen steigen Sie gemeinsam mit der hübschen Müllerstochter Luisa ein (Kostüm braucht sie ohnehin keines!). Und wie nun **DIE MACHT DES SCHICKSALS** es will – auf diesem Maskenball trifft sie einen feschen Jüngling namens **DON CARLOS**. Der ist von der Schönheit der Müllerstochter so überwältigt, dass er kein klares Wort herausbringt und nur stammeln kann: »**A – I – A – DO**«! Was so viel heißen soll wie: »Also - ich bin auch da!« Und jetzt spricht er sogar englisch(!) weiter, mit einem flehenden Unterton: »**O, TELL** me more!«

FALLS Sie dieser zugegeben *merk*-würdigen Geschichte bis hierher gefolgt sind, dann haben Sie sich damit auch schon die 12 wichtigsten Opern Verdis gemerkt! Und wenn Sie in Zukunft wieder einmal zufällig bei den zwei »gelben Bögen« vorbeifahren, drehen Sie sie in Gedanken auch einmal um – ergibt zwei »V« – wie *»Viva Verdi!«* und assoziieren Sie munter weiter ...

Doch nun des Rätsels Lösung. Die fett gedruckten Begriffe in der Geschichte führen uns zu den Operntiteln – hier in ihrer richtigen Form, plus Jahreszahlen ihrer Entstehung:

BILD	OPER	JAHR
»Na bumm!«	NABUCCO	1842
beim Mackie	MACBETH	1847
Luisa, die Müllerstochter	LUISA MILLER	1849
ein Riegel wird vorgeschoben	RIGOLETTO	1851
Trubel bricht aus	DER TROUBADOUR	1853
ein Trabi fährt vor	LA TRAVIATA	1853
wir fahren zu einem Maskenball	EIN MASKENBALL	1859
wie die Macht des Schicksals es will	DIE MACHT DES SCHICKSALS	1862
trifft Jüngling mit Namen ...	DON CARLOS	1867
der stammelt: »A-i-a-do!«	AIDA	1871
»O, tell me more!«	OTHELLO	1887
Falls Sie sich diese Geschichte gemerkt haben ... :)	FALSTAFF	1893

Und auf Seite 212 finden Sie eine Tabelle, in der Sie nun diese Verdi-Opern, chronologisch geordnet, aus dem Gedächtnis eintragen können – ganz ohne zu googeln!

Eine allerletzte Merkgeschichte habe ich hier noch für Sie, in der *Loci-* und *Geschichten-Methode* miteinander verbunden werden.

300 Jahre Operngeschichte oder: Wer hat an der Uhr gedreht?

ÜBUNG 23

Diesmal ist es eine *Uhr*, an deren *zwölf Stunden* wir *zwölf bedeutende Opernkomponisten* (mit ihrem Geburtsjahr) von *Monteverdi (1567)* bis *Richard Strauss (1864)* »befestigen«. Wenn wir einmal an der Uhr drehen und uns zu jeder vollen Stunde dazu den jeweiligen Komponisten vorstellen, durchwandern wir überblicksmäßig 300 Jahre Operngeschichte. Die Auswahl ist natürlich nicht vollständig, da das Ziffernblatt einer Uhr auf *zwölf »Orte«* beschränkt ist. Aber vielleicht schaffen Sie es, weitere (Ihrer persönlichen) Lieblingskomponisten »halbstündlich« dazwischen abzulegen?

- *zwölf Uhr* (**CLAUDIO MONTEVERDI**): Auf einem *grünen Berg* sitzt Monteverdi, mit dem die Geburtsstunde der Oper schlug.
- *ein Uhr* (**GEORG F. HÄNDEL**): Er klatscht in die *Hände* ...
- *zwei Uhr* (**CHRISTOPH W. GLUCK**): ... vor *Glück*! Sieht er doch ...
- *drei Uhr* (**WOLFGANG A. MOZART**): ... eine Schüssel voller *Mozartkugeln* vor sich stehen!
- *vier Uhr* (**LUDWIG V. BEETHOVEN**): Er *bittet höflich* um ein paar ...
- *fünf Uhr* (**GIOACCHINO ROSSINI**): ... schmackhafte *Rosinen*, die er ...
- *sechs Uhr* (**GAETANO DONIZETTI**): ... *»donn«* in einen *Zettel* wickelt.
- *sieben Uhr* (**GIUSEPPE VERDI** und **RICHARD WAGNER**): Er wartet auf einen grünen (ital. *verde*) *Wagen*, muss sich allerdings ...
- *acht Uhr* (**GEORGE BIZET**): ... *ein bisschen* gedulden.
- *neun Uhr* (**PETER I.TSCHAIKOWSKY**): Da sagt jemand *»Ciao!«* und stellt seinen *Koffer* und seine *Ski* neben ihm ab.

- *zehn Uhr* **(GIACOMO PUCCINI)**: Sie beschließen, gemeinsam einen *Capuccino* trinken zu gehen.
- *elf Uhr* **(RICHARD STRAUSS)**: Da kommt ein Rosenverkäufer mit einem *riesigen Strauß* vorbei.

Kurz entschlossen nimmt Monteverdi ihm diesen ab und marschiert wieder auf seinen grünen Berg zurück – wo Sie die Geschichte, wenn Sie möchten, gleich noch einmal von vorne beginnen lassen können.

Hier nochmals die Namen und Geburtsjahre der Komponisten:

12:00 | Claudio Monteverdi	1567
1:00 | Georg Friedrich Händel	1685
2:00 | Christoph Willibald Gluck	1714
3:00 | Wolfgang Amadeus Mozart	1756
4:00 | Ludwig van Betthoven	1770
5:00 | Gioacchino Rossini	1792
6:00 | Gaetano Donizetti	1797
7:00 | Giuseppe Verdi | Richard Wagner	1813
8:00 | George Bizet	1838
9:00 | Peter Iljitsch Tschaikowsky	1840
10:00 | Giacomo Puccini	1858
11:00 | Richard Strauss	1864

EIN GEDICHT FÜRS GEDÄCHTNIS?

WIE WÄRE ES ZUR ABWECHSLUNG EINMAL mit dem Memorieren eines Gedichts? Selbstverständlich mit *LMS-Tipps*, damit es leichter geht. Als Belohnung winkt das gute Gefühl, etwas Sinnvolles für seine grauen Zellen getan zu haben. Vielleicht besteht auch die Möglichkeit, eine private Feier damit spontan aufzulockern? Hier zunächst das Gedicht – *Der Urlaub* – von Eugen Roth.[33]

EUGEN ROTH | *Der Urlaub*

Ein Mensch, vorm Urlaub, wahrt sein Haus,
Dreht überall die Lichter aus.
In Zimmern, Küche, Bad, Abort –
Dann sperrt er ab, fährt heiter fort.

Doch jäh, zu hinterst in Tirol,
Denkt er voll Schrecken: »Hab ich wohl?«
Und steigert wild sich in den Wahn,
Er habe dieses nicht getan.
Der Mensch sieht, schaudervoll, im Geiste,
Wie man gestohlen schon das meiste,
Sieht Türen offen, angelweit.
Das Licht entflammt die ganze Zeit!
Zu klären solchen Sinnestrug,
Fährt heim er mit dem nächsten Zug.
Und ist schon dankbar, bloß zu sehn:
Das Haus blieb wenigstens noch stehn!
Wie er hinauf die Treppe keucht:
Kommt aus der Wohnung kein Geleucht?

Und plötzlich ist's dem armen Manne,
Es plätschert in der Badewanne!
Die Ängste werden unermessen:
Hat er nicht auch das Gas vergessen?
Doch nein! Er schnuppert, horcht und äugt
Und ist mit Freuden überzeugt,
Daß er – hat er's nicht gleich gedacht? –
Zu Unrecht Sorgen sich gemacht.
Er fährt zurück und ist nicht bang –
jetzt brennt das Licht vier Wochen lang.

ÜBUNG 24

Hier nun meine Tipps zum Merken dieses Gedichts:

- Wenn Sie Zeit haben, schreiben Sie zunächst das Gedicht mit Bleistift ab. Dann prägen Sie sich die ersten beiden Zeilen ein und – radieren Sie sie anschließend weg! Verfahren Sie mit den übrigen Zeilen ebenso – bis der Zettel leer, das Gedicht selbst jedoch in Ihrem Gedächtnis gelandet ist. Wenn es schneller gehen soll: Laden Sie sich das Word-Dokument des Gedichts herunter, das Sie im Downloadbereich von www.memo-coach.com finden. Dann markieren Sie jeweils zwei Zeilen am Bildschirm und löschen Sie sie weg, wenn Sie sie fehlerfrei wiedergeben können.
- Stellen Sie sich die beschriebenen Sorgen dieses noch nicht sehr entspannten Urlaubers so lebhaft und bildlich wie möglich vor, schlüpfen Sie in die Schuhe dieses Menschen, keuchen Sie mit ihm die Treppe hinauf!

- Dazwischen (am besten nach jedem Absatz) immer wieder aufstehen und herumgehen und dabei das bisher gelernte Gedicht – möglichst laut und salbungsvoll – vortragen. Diese Idee, beim Denken zu laufen und beim Laufen zu denken, ist nicht neu, das haben bereits griechische Philosophen in der Antike so gemacht.
- Eine *Rap-Variante* unserer Zeit: Folgen Sie einem flotten Rhythmus, schnipsen Sie mit den Fingern dazu und *rappen* Sie das Gedicht im Takt.

Natürlich genügt einmaliges Einprägen nicht. Wenn Sie sich das Gedicht dauerhaft merken möchten, ist Wiederholen angesagt. Doch spätestens wenn Sie es einmal spontan in einer Freundesrunde während einer angeregten Unterhaltung zum Thema *Urlaub* zum Besten gegeben haben, ist dieses Gedicht fester Bestandteil Ihrer gedanklichen Gedächtnis-Schatzkammer! Sie müssen kein professioneller Schauspieler sein, um es möglichst lebendig und natürlich vorzutragen. Den besten Tipp bekam ich einmal von Brigitte Karner, der großartigen österreichischen Schauspielerin mit unverwechselbarer Stimme: »Liebe Luise, *denke* einfach, was du sagst. Mehr braucht es nicht!«

Als motivierende Anregung finden Sie im Downloadbereich von www.memo-coach.com eine *Hördatei* dieses Gedichts, gesprochen von Ingrid Amon.

Und falls Sie Lust auf mehr bekommen haben – hier noch ein zweites Gedicht von Eugen Roth. Es hat mit dem Thema *(Un-)Verlässliches Gedächtnis* zu tun – passt also gut hierher. Auch hier können Sie sich von Ingrid Amon anregen lassen – sie hat es für Sie rezitiert, zu finden im gleichen Downloadbereich.

EUGEN ROTH | *Falscher Verdacht*[34]

Ein Mensch hat meist den übermächtigen
Naturdrang, andre zu verdächtigen.
Die Aktenmappe ist verlegt.
Er sucht sie, kopflos und erregt,
Und schwört bereits, sie sei gestohlen,
Und will die Polizei schon holen
Und weiß von nun an überhaupt,
Daß alle Welt nur stiehlt und raubt.
Und sicher ist's der Herr gewesen,
Der, während scheinbar er gelesen –
Er ahnt genau, wie es geschah …
Die Mappe? Ei, da liegt sie ja!
Der ganze Aufwand war entbehrlich
Und alle Welt wird wieder ehrlich.
Doch den vermeintlich frechen Dieb
Gewinnt der Mensch nie mehr ganz lieb,
Weil der die Mappe, angenommen,
Sie wäre wirklich weggekommen –
Und darauf wagt er jede Wette –
Gestohlen würde haben hätte!

WIE LERNEN SCHAUSPIELER EIGENTLICH IHRE TEXTE?

WIR SIND NUN FAST AM ENDE dieser umfangreichen Auswahl an *Fitnessübungen* für Ihr Gehirn angelangt – vom Erweitern Ihres Allgemeinwissens durch *merk*-würdige *Merkgeschichten* über verlässliches Merken von Namen, Passwörten und Pincodes bis hin zum Memorieren eines Gedichts. Ich hoffe, Sie haben meinen Rat befolgt und Ihrem *Memo-Muskel* überschaubare Trainingseinheiten gegönnt. Zum Abschluss dieses Kapitels wollen wir noch einer besonderen Frage nachgehen:

Wie schaffen es Schauspieler, sich ihre langen Texte einzuprägen, manchmal sogar für mehrere Stücke gleichzeitig? Mit dem Schauspielerehepaar Brigitte Karner und Peter Simonischek verbindet mich eine langjährige Freundschaft. Ich führte mit beiden ein angeregtes Gespräch, mit interessanten Einblicken und unerwarteten Wendungen, das ich Ihnen (gekürzt) wiedergeben möchte.

Liebe Brigitte, lieber Peter, schon lange beschäftigt mich die Frage: Wie schaffen es Schauspieler, sich ihre Unmengen an Text zu merken?

PETER: So einen Text wie die circa 740 Verse von Prospero in Shakespeares *Sturm* im letzten Sommer[35] … da lern ich erst einmal ordentlich. Ich beginne mit den größeren Monologen, den wirklich langen Teilen. Denn die Dialoge kann man nicht gut alleine lernen. Doch zuerst lerne ich einmal alleine, und dann, wenn ich so eine Woche gearbeitet hab, dann kommt jemand und hört mich ab, prüft mich, was ich schon gelernt habe. Und dann geht's halt von Tag zu Tag besser.

Wie kann ich mir das Einprägen vorstellen, bei diesen längeren Teilen oder Monologen? Fängst du da mit den ersten zwei Zeilen an, oder nimmst du dir gleich eine größere Strecke vor?

PETER: Ja, da geh ich schon die »größeren Strecken« durch, zum Beispiel bis zur Hälfte. Manchmal gibt's ja so bestimmte Bilder, die bleiben. Da gibt es bestimmte Sätze, die liest du zwei Mal durch und kannst sie. Und von dort ausgehend, versucht man dann, diese Logik irgendwie auszubreiten. Ich gehe nämlich immer nach dem Inhalt und der Logik vor, so merk ich mir das am besten.

Und musst du dazu ruhig sitzen, wenn du das lernst?

PETER: Ja, in meinem Lieblingssessel. Und da muss ich immer aufpassen, dass ich nicht einschlafe *(lacht)*. Wenn ich übermüdet bin, muss ich dazwischen immer wieder eine Runde gehen.

Also wie die Peripatetiker im antiken Athen – Nachdenken beim Gehen?

PETER: Ja … das ändert sich natürlich auch im Laufe der Zeit. In Bern habe ich mir meine Texte immer auf einer Art *Textweg* gemerkt. Ich bin von zu Hause weg, an der Aare entlang, über die kleine Brücke drüber, unten an der Aare weiter, dann bei der anderen Brücke die Treppe hoch, wieder zurück.

Interessant … und hast du dann immer an der gleichen Stelle – zum Beispiel der Brücke – auch den gleichen Text memoriert?

PETER: Nein … aber das wäre eigentlich sinnvoller.

So haben es die alten Griechen mit ihren stundenlangen Reden gemacht. Die haben die wichtigsten Bilder ihrer Rede auf einem Spaziergang in Gedanken an einem Ort abgelegt; und dann, beim Halten der Rede, wieder heraufbeschworen.

PETER: Das ist auch richtig so, das machst du ja letztlich auch auf der Bühne. Du verfügst über den Text zunächst aber nur theoretisch. Er ist noch nicht ganz »fix«. Für mich das klassische Beispiel hier: Eishockey.

Eishockey? Warum?

PETER: Du kannst erst richtig Eishockey spielen, wenn du an das Schlittschuhlaufen gar nicht mehr denken musst. Bei Peter Brook (Anm.: britischer Theaterregisseur) haben die Schauspieler zum Beispiel den Text auf diese Weise gelernt oder besser gesagt: gefestigt. Sie sitzen in einem Kreis und sprechen ihren Text, ihre Dialoge, und werfen sich dabei Tennisbälle zu, Text und Bälle aber völlig getrennt.

Du musst also ständig auf deinen Text *und* die Tennisbälle achten. Das heißt: Du musst deine Aufmerksamkeit wirklich teilen.

Hier wird also Multitasking angewendet, aber bewusst und im besten Sinne.

BRIGITTE: Bei mir ist das ein bisschen anders, was das Platzieren des Textes an gewissen Orten angeht. Für mich ist entscheidend beim Lernen von Text, dass ich es in meine Gefühlswelt bekommen muss, das heißt, die Außenbilder müssen zu meinen Innenbildern werden.

Geht das schon daheim beim Lernen oder erst bei der Probe?

BRIGITTE: Das geht dann am besten bei der Probe; es geht aber auch beim Spazierengehen. Als wir noch unseren Hund hatten, da hatte ich auf meinen Spaziergängen Kopfhörer mit und hörte mir die Texte an, die ich mir vorher aufgesprochen hatte. Das geht bei mir nur so.

Ein interessanter Ansatz ... sicherlich ausprobierenswert, vor allem für auditive Lerntypen. Man könnte sich vor einer Prüfung das Wichtigste des Stoffes aufsprechen und dann unterwegs zum Beispiel in der U-Bahn anhören – das fällt heute niemandem mehr auf, da ohnehin jeder zweite »zugestöpselt« daherkommt.

PETER: Noch etwas ist ganz wichtig: Du musst in deinen Text emotional »hineingehen«. Wir haben da kürzlich diesen Satz von Josef Winkler gelesen: »Man kann nur etwas begreifen, von dem man ergriffen wird.« Und das ist auch ein Schlüsselsatz zum Textlernen.

Wenn dieser Inhalt aber ganz konträr zu deiner eigenen Persönlichkeit ist?

BRIGITTE: Das hat mit deiner Persönlichkeit nichts zu tun – Persönlichkeit bleibt ganz draußen. Wenn ich eine Figur spiele, dann gehe ich einen anderen Weg. Dann bin ich jemand anderer. Das hat mit meiner Art zu sein nichts zu tun.

PETER: Ja, aber du bist diejenige, die sich das merken muss – und du bist auf die Emotion angewiesen.

BRIGITTE: Dann musst du dir eine Emotion oft zusammensuchen, die du gar nicht sonst hast. Wenn ich weiß, ich muss jetzt eine Szene spielen, als Persönlichkeit, die unheimlich konträr zu mir ist, dann schlafe ich auch schlecht in der Nacht, weil ich weiß, ich selbst als Brigitte will diese Sätze eigentlich gar nicht sagen. Ich werde sie aber morgen sehr wohl sagen, als genau diese Person, die ich da darstelle.

Das heißt also, du bist zwar »ergriffen« von dem, was du sagst, aber nicht als Brigitte, sondern als die Person, die du darstellst?

BRIGITTE: Zu der Person muss ich werden, auch emotional.

PETER: Man kann dieses schöne Wortspiel von begreifen und ergriffen sein auch weiterführen und sagen: Du kannst dir im Grunde nur etwas merken, das dich interessiert.

BRIGITTE: Das ist zu klein für mich, Peter. Wenn ich mir vorgenommen habe, ganz bestimmte Seiten von jemandem darzustellen, die ich in mir nicht haben möchte, muss ich trotzdem darüber hinaus in diese Situation, in diese Person schlüpfen.

… und du musst ergriffen sein, obwohl diese Person so konträr zu dir ist. Das ist wohl genau die Kunst …

BEIDE: Ja, genau das ist die Kunst.

Gehen wir zum Merken von Texten als Schauspieler oder Schauspielerin zurück. Wusstet ihr, dass es bei Gedächtnismeisterschaften früher tatsächlich einen Wettbewerb gab, bei dem man einen Text memorieren musste? Man musste sich einen wahllosen Text mit Punkt und Komma einprägen und so exakt wie möglich wiedergeben. Meine Hochachtung vor euch Schauspielern, wie ihr das schafft, ist noch mehr gewachsen.

BRIGITTE: Ja, aber für uns ist das kein beliebiger Text, sondern etwas, mit dem du dich gerade intensiv beschäftigst.

PETER: … und zwar möglichst konkret … das ist schon etwas anderes.

Dieser Bewerb wurde dann auch gestrichen – es war zu schwierig, den Text in alle nötigen Sprachen exakt zu transferieren. Er wurde durch »Images« ersetzt, Bilder, deren Reihenfolge man sich merken muss.

BRIGITTE: Gott sei Dank – weil ich halte das für einen Schwachsinn. Eine Textwiedergabe einfach so, als Sport, als Gehirnjogging … Da gefällt mir das mit den Namen besser. Das hat mehr Sinn für mich. Wie machst du das eigentlich genau? Was hilft dir dabei? Wie kann ich mir die Namen meiner Schauspielschülerinnen und Schüler besser merken …?

… und damit drehten wir den Spieß dann um, und es wurde noch eine vergnügte *Namenmerken-wie-geht-das-eigentlich?-Stunde*!

4 | WAS SIE SONST NOCH ALLES FÜR IHR GEDÄCHTNIS TUN KÖNNEN

17. 12. 2016, SINGAPUR, WORLD MEMORY CHAMPIONSHIPS. Ich wache aus einem mehr als absurden Traum plötzlich auf, schaue auf den Wecker neben mir: 3 Uhr 18. Nein! Gerade heute, am letzten Tag, will – ja muss – ich gut ausgeschlafen sein. Meine Lieblingsdisziplin *Random Words* steht um 8 Uhr auf dem Programm – und dann noch die beiden letzten und wohl herausforderndsten Wettbewerbe: *Spoken Numbers*, wo – im Sekundentakt auf Englisch angesagte – Zahlen memoriert werden müssen, und *Speed Cards* – hier gilt es, die richtige Reihenfolge der 52 Karten eines Päckchens so schnell wie möglich im Gedächtnis zu speichern.

Es kreist und kreist, mein Gedankenkarussell, an Schlafen ist nicht mehr zu denken. Je mehr ich mich bemühe wieder einzuschlafen, desto wacher werde ich. Mir fällt das Bild ein, wo jemand den Schlaf mit einem Vogel vergleicht, den man auf seine Hand locken will ... nur ganz ruhiges, offenes Hinhalten der Hand hilft. Langsam beginne ich, meine Gedanken zu akzeptieren – und irgendwann reißt mich dann mein Wecker aus einem weiteren tiefen Traum ... – Wie es mir beim Wettbewerb ergangen ist? Bei den *Speed Cards* blieb ich weit unter meinen Erwartungen, und bei den *Random Words* konnte ich einen neuen Weltrekord erzielen.

SO WIE UNSER HERZ UNSER KÖRPERLICHES ZENTRUM IST, von dessen Schlag unser Leben abhängt, so ist unser Gehirn unser geistiges Zentrum. Wenn wir bis ins hohe Alter rege und fit bleiben wollen, sollten wir beides hegen und pflegen: unseren Körper wie auch unseren Geist. Auch das letzte Kapitel dieses Buchs steht im Dienste Ihrer geistigen Fitness, und zwar in einer erweiterten *Wellness-Variante.* In Kapitel 2 haben wir für bessere Rahmenbedingungen fürs Denken und Memorieren gesorgt. Kapitel 3 war quasi unser Trainings-Center, in dem Sie Ihren *Hirn-Muskel* kräftigen konnten, um für bessere Hirnleistungen zu sorgen.

Doch kein Fitnesstraining der Welt wäre zielführend, gäbe es nicht ausreichend Regeneration zwischen den Trainingseinheiten. Im Sport weiß man: Ein Muskel entwickelt sich nicht während der Krafteinheit weiter, sondern erst in der anschließenden Regeneration. Deshalb geht es in diesem vierten Kapitel zunächst um Ruhepause. Wir fragen uns, was guter Schlaf und auch (möglichst einfache und unaufwendige) Meditation dazu beitragen können. Es ist unmöglich, unser Gehirn in Dauerbetrieb zu halten. Wenn wir ihm keine Erholung zwischendurch gönnen, wird es uns über kurz oder lang seinen Dienst versagen. Wie mit unserem Körper insgesamt: ohne Regeneration keine Spitzenleistungen!

Darüber hinaus gibt es auch noch einige weitere Anregungen, die Ihrem Gehirn guttun – eine Wellness-Kur für Ihre Gedanken, wenn Sie so wollen. Lassen Sie sich anregen!

SCHLAFEN SIE SICH SCHLAU

KENNEN SIE DAS AUCH? Sie sind sich nicht sicher, ob Sie eine wichtige Einladung annehmen sollen oder nicht, überlegen hin und her. Dann schlafen Sie einmal drüber – und plötzlich wissen Sie es. Zufall? Nein, ganz und gar nicht. Was für manche wie ein unnötiges Aufschieben einer Entscheidung klingt, ist in Wahrheit eine höchst sinnvolle Strategie: Wir lassen den Schlaf seine Arbeit tun. Er hilft uns, die Gedanken zu sortieren, und am nächsten Tag haben wir einen viel klareren Blick.

Im Schlaf passiert ziemlich viel: Der Körper regeneriert sich. Nicht umsonst ist bei einer Grippe der Schlaf wohl das unschlagbar beste Medikament. Auch wenn wir gesund sind, brauchen unsere Muskeln und alle inneren Organe den Schlaf, um am nächsten Tag wieder leistungsfähig zu sein. Sie kennen sicher das schlappe, kraftlose Gefühl nach einer durchgefeierten Nacht.

Unser Gehirn und unsere Psyche brauchen den Schlaf sogar ganz dringend. Wir verarbeiten Emotionen und Erlebnisse, sortieren Gedanken und Erfahrungen. Während wir uns also genüsslich in die Decke kuscheln und schlafen, macht unser Gehirn »Ablage«. Es sucht Zusammenhänge zwischen neuem und bereits vorhandenen Wissen und legt neue Bahnen fest, damit wir bestimmte Informationen schneller abrufen und uns so Dinge besser merken können.

Heute wissen wir dank der Forschung vieles über Schlafphasen und Schlafzyklen. Wenn wir uns abends ins Bett legen, gleiten wir zunächst in einen Leichtschlaf. Die Muskeln entspannen sich langsam, das Bewusstsein ist reduziert, doch wir würden bei normalen Geräuschen aufwachen. Dann erst vertieft sich der Schlaf. Unsere Muskeln sind nun tiefenentspannt, die

Augen bewegen sich nicht, der Blutdruck ist abgesenkt, Atmung und Herzschlag sind reduziert. In dieser Phase sorgen Wachstumshormone für »Reparaturen« im Körper.

Etwas mehr als eine Stunde nach dem Einschlafen beginnt jene Phase, die für unseren Denkapparat entscheidend ist: der Traumschlaf, auch REM-Phase genannt. Die Muskeln sind weiterhin entspannt. Wir schlafen aber wieder weniger tief, unsere Augen bewegen sich ganz schnell, der Name »REM« steht für *rapid eye movement.* Wir verarbeiten nun Erlebnisse, Emotionen und alles, was wir kognitiv erfasst haben. Danach gleiten wir wieder in den Leichtschlaf und die Phasen wiederholen sich. Pro Nacht durchlaufen wir in etwa vier bis fünf solcher Zyklen, die gegen Ende der Nacht immer flacher werden.

In seinem *Schlafbuch* schildert der Autor Peter Spork[36] einen Versuch, der die positive Wirkung des Schlafs auf unsere Gehirnleistung sehr schön zeigt. 135 Menschen mussten sich in einer Übung Objekte merken, die nur ganz kurz auf einem Bildschirm aufblitzten. Die Resultate verbesserten sich zunehmend nach zwei bis drei Nächten Schlaf. Jene Versuchsgruppe, die in der ersten Nacht nach der Übung nicht schlafen durfte, zeigte jedoch keine verbesserte Merkleistung. Wenn Sie also beim nächsten Fortbildungsseminar möglichst viel vom Gelernten behalten möchten, ist es ratsam, sich nach einem geselligen Gläschen bald ins Bett zu begeben.

Der Zusammenhang zwischen REM-Phase und Gedächtnisleistung ist schon länger bekannt, wie sie speziell mit räumlicher Erinnerung zusammenhängt, konnten erst kürzlich kanadische Forscher[37] nachweisen. Mithilfe einer neuen Lichttechnik unterdrückten sie bei schlafenden Mäusen jene Areale im Hippocampus, die während der REM-Phase für die räumliche

Gedächtnisleistung zuständig sind. Am nächsten Tag stellten sie fest, dass die räumliche Orientierung der Tiere signifikant schlechter war. Unterdrückten sie dieselben Gehirnareale in anderen Schlafphasen, war die Orientierung der Mäuse tadellos. Sollten Sie vor einer Prüfung stehen, im Beruf eine anstrengende Zeit vor sich haben oder ganz generell eine mental herausfordernde Zeit durchleben, sind Sie also gut beraten, sich ausreichend Schlaf zu gönnen.

Stress ist ein großer Gedächtniskiller, und wenn Sie nicht rechtzeitig auf sich achtgeben, raubt er Ihnen auch noch den Schlaf, was Ihr Gedächtnis noch zusätzlich belastet. Der Schlaftrainer Peter Solc[38] empfiehlt, in solchen Zeiten einen kompletten Schlafzyklus an die gewohnte Schlafzeit anzuhängen. Das kann natürlich schwierig sein, wenn einem gerade in solchen Phasen der Tag ohnehin oft zu kurz wird. Auch das »Schlafen auf Befehl« gelingt meist nicht so ohne Weiteres. Doch genau darum geht es: einen Weg zu finden, um zum nötigen Quantum Schlaf zu kommen – damit Ihr Gehirn Sie nicht im Stich lässt. Gerade weil das Thema »Guter Schlaf« so wichtig für unsere Gesundheit ist, gibt es eine Fülle von Ratgebern dazu. Meine fünf Lieblingstipps dazu möchte ich Ihnen hier weitergeben.

TIPP 1: EIN GUTER SCHLAF BEGINNT – AM MORGEN!

Leichte körperliche Aktivität gleich zu Tagesbeginn vermehrt die Produktion des Hormons Cortisol – dem Gegenspieler des Schlafhormons Melatonin, das unser Körper bei Einbruch der Dunkelheit erzeugt. Beginnen Sie aber nicht sofort mit körperlicher Aktivität!

Es lohnt sich, nach dem Weckerklingeln noch etwas liegen zu bleiben, offen für den Tag und auch offen für die Bilder,

Gedanken, Ideen zu werden, die uns unser Gehirn sendet. Wer sich hier ein paar Minuten Zeit lässt, hat die wichtigste Erkenntnis des Tages vielleicht schon vor dem Aufstehen gewonnen.

Und dann starten Sie bewegt in den Tag. Ob Sie nun gleich im Bett noch Radfahren oder ganz einfache Kniebeugen, Bodystyling-Übungen, Liegestützen oder eine kurze Power-Yoga-Session machen – Hauptsache, Sie bewegen sich und signalisieren Ihrem Körper, dass der Tag beginnt. Und nicht aufs Strecken und Recken vergessen! Was in der Tierwelt das Natürlichste auf der Welt ist (beobachten Sie einmal eine Katze nach dem Schlafen), sollten auch wir uns wieder zu eigen machen. Einfach in den Körper hineinspüren, was guttut, und sich bewusst dem neuen Tag entgegenstrecken ist ein herrliches Ritual, auf das ich nicht mehr verzichten möchte. Wenn Sie das noch dazu bei direktem Sonnenlicht bei geöffnetem Fenster machen könnten, wäre das ideal. Das führt uns direkt zum nächsten Tipp.

TIPP 2: NATÜRLICHES SONNENLICHT AM TAG VERHILFT ZU GUTEM SCHLAF IN DER NACHT

Nicht nur Pflanzen wachsen schneller, wenn sie genug Sonne bekommen – auch beim Menschen besteht ein enger Zusammenhang zwischen Licht und Gesundheit. Licht ist unser stärkster Taktgeber – es steuert nicht nur Körpertemperatur und Hormonhaushalt, sondern auch unsere innere Uhr und somit auch den Schlaf-Wach-Zyklus. Nicht jeder kann den Tag mit einem flotten Spaziergang in der Sonne beginnen. Doch auch kleine Sonnenpausen können hilfreich sein. Warum also nicht in einer kurzen Kaffeepause das Fenster öffnen und die Sonnenstrahlen genießen? Und wenn Sie das noch dazu am Vormittag oder zur Mittagszeit machen, wo das Licht am stärksten ist, hilft es doppelt.

TIPP 3: SO VIEL LICHT AM TAG – UND SO VIEL DUNKELHEIT WIE MÖGLICH IN DER NACHT

Helles Licht wirkt über die Augen auf den Hypothalamus und unterdrückt dort die Ausschüttung des Schlafhormons Melatonin. Dieses wird erst mit Einbruch der Dunkelheit in der Zirbeldrüse gebildet und lässt uns müde werden. Dieses Hormon wirkt in hoher Konzentration in unserem ganzen Körper und bietet jeder Zelle und jedem Organ die Möglichkeit an, seine Aktivität zurückzufahren.

Wenn wir uns jedoch bis spätabends heller Beleuchtung aussetzen und uns zum Beispiel direkt vom Bildschirm ins Bett begeben, wird die Produktion dieses wichtigen Schlafhormons unterdrückt. Unsere Schlafqualität leidet, aber auch unsere Regeneration. Denn die Rezeptoren in unserer Netzhaut reagieren vor allem auf Blautöne im Licht der Displays von Computer oder Smartphone. Dadurch glaubt die Zirbeldrüse, es ist taghell, und stoppt die Produktion von Melatonin. Das hält uns wach und wir können dadurch schlecht einschlafen. Daher sollte man sich ein bis zwei Stunden vor der Schlafenszeit diesem Licht möglichst nicht mehr aussetzen.

TIPP 4: KÖNNEN SIE AUF DER SEITE SCHLAFEN?

Während wir schlafen, sorgt der Körper auch dafür, dass Stoffwechsel-Abbauprodukte, die sich tagsüber im Gehirn angesammelt haben, abtransportiert werden. In einer neuen Studie haben Forscher der Stony Brook University[39] festgestellt, dass der Entgiftungsprozess des Gehirns am besten funktioniert, wenn auf der Seite geschlafen wird. Diese Erkenntnis ist sehr wertvoll, denn zu den Abbauprodukten des Gehirns gehören auch Proteine, die Gehirnprozesse behindern, wenn sie sich anstauen. Allerdings – die Versuchsobjekte bei dieser Studie waren Nagetiere. Am Menschen muss diese Hypothese erst getestet werden. Die gute Nachricht ist, dass die Seitenschläfer-Position ohnehin die mit Abstand beliebteste Schlafposition ist – sowohl bei Menschen als auch bei Tieren.

TIPP 5: GUT GESCHLAFEN? UNTERSCHÄTZEN SIE NICHT DEN PLACEBO-EFFEKT!

Kaum zu glauben: Auch unsere Einbildung, wir hätten gut oder weniger gut geschlafen, hat einen entscheidenden Einfluss darauf, wie wir uns am nächsten Tag fühlen! Eine Studie am Colorado College[40] führt uns diesen Placebo-Effekt deutlich vor Augen. Die Psychologin Christina Draganich dachte sich dazu ein spannendes Experiment aus.

164 Probanden erhielten zunächst einen Vortrag über die richtige Dosis an REM-Schlaf und seine Bedeutung für das Lernen und die Stressbewältigung. Zu wenig davon, so warnten die Forscher, führe zu schlechteren Ergebnissen in Prüfungsaufgaben am nächsten Tag. Dann wurden die Teilnehmer verkabelt, sie sahen ihre Gehirnströme auf einem Bildschirm und die Qualität ihres REM-Schlafs wurde angeblich »mit einer neuen Technik« bestimmt. Das Zufallsprinzip bestimmte, wer mehr oder weniger REM-Schlaf zugeteilt bekam.

Wie gut die Täuschung funktionierte, sahen die Psychologen bei den nun folgenden Konzentrationsaufgaben, wie Kopfrechnen oder Ähnlichem. Den Studenten, die zuvor gehört hatten, sie hätten besonders toll geschlafen, gelang das problemlos. Ihre Kommilitonen in der Gruppe mit dem vermeintlich ungenügenden REM-Schlaf bewältigten die Aufgaben hingegen im Durchschnitt schlechter, »so als hätten sie tatsächlich eine schlimme Nacht hinter sich«.

Das bedeutet: Auch wenn Sie es auf weniger als die empfohlenen sieben bis acht Stunden Schlaf gebracht haben – was ohnehin nur ein Richtwert ist –, nehmen Sie es nicht zu schwer! Sagen Sie sich lieber: »Ich habe genügend geschlafen, mein Körper hat sich geholt, was er braucht.« Und wenn sich im Laufe des Tages ein kurzer »Power-Nap« ausgeht – umso besser!

Ein gesunder, tiefer Schlaf ist wesentlich für unsere körperliche und geistige Gesundheit. Trotz zahlreicher Studien ist seine umfassende Bedeutung immer noch nicht zur Gänze erforscht. Für den Schlafforschungspionier Allan Rechtschaffen ist er sogar »die größte offene Frage der Biologie«. Denn die scheinbar natürlichste, einfachste Sache der Welt, mit der wir ein Drittel unseres Lebens verbringen, gehört zu den kompliziertesten Vorgängen im menschlichen Organismus. Oder wie es Peter Spork in seinem erwähnten *Schlafbuch* ausdrückt: »Erst der Schlaf versetzt uns in die Lage, unserer Gegenwart vor dem Hintergrund unserer Vergangenheit einen Sinn zu geben. Oder anders ausgedrückt: Ohne Schlaf gibt es kein Bewusstsein.«[41]

! ***Wenn Sie Erlebtes und Erlerntes gut und dauerhaft speichern wollen, ist ausreichend Schlaf in einem möglichst abgedunkelten Zimmer ein kleines Wundermittel. Der Schlaf hilft beim Aufbau des Langzeitgedächtnisses und beim »Aufräumen« Ihres inneren Wissensspeichers. Und oft belohnt er Sie am nächsten Morgen mit einer zündenden Idee oder dem erleichterten Gefühl, nun die richtige Entscheidung treffen zu können.***

LEEREN SIE IHR GEHIRN VON ZEIT ZU ZEIT

IN UNSERER WESTLICHEN WOHLSTANDSGESELLSCHAFT haben die meisten Menschen zu viel von fast allem: zu viel an Auswahl im Supermarkt, zu viele Optionen für die Freizeitgestaltung, zu viele Informationen, zu viel Lärm in ihrer Umgebung. In Kapitel 2 haben Sie bereits Tipps bekommen, um der Flut an Informationen und den permanenten Ablenkungen durch das Internet generell und insbesondere den Verführungen von Facebook & Co. zu entkommen.

Bei unserem Geist ist das nicht anders. Wenn wir ständig glauben, unsere vermeintliche Multitasking-Fähigkeit unter Beweis stellen zu müssen, und in Minutenabständen von einer Aufgabe zur anderen wechseln, sind in kurzer Zeit unsere Batterien leer. Daher: Lassen Sie das Multitasking sein und widmen Sie sich für eine bestimmte Zeit immer nur einer Sache, wie ich es in Kapitel 2 vorgeschlagen habe.

Sie können aber auch noch mehr machen: Sie können regelmäßig Ihren Geist trainieren. Versuchen Sie, im Hier und Jetzt zu sein, sich auf nur eine Sache zu konzentrieren. Denn Sie können davon ausgehen: Wenn etwas nicht so lief, wie Sie es geplant hatten, dann war Ihr Fokus vermutlich nicht dort, wo er hingehört hätte.

In ihrem lesenswerten Buch *Was wirklich zählt* zitiert die Autorin Barbara Stöckl Bruder David Steindl-Rast, der ihr in einem Interview einmal Folgendes erzählt hatte:

»Einer der Gründe für ein Gefühl des Unbehagens in unserem Alltagsleben liegt darin, dass wir entweder über die Vergangenheit grübeln oder uns Sorgen über die Zukunft machen und deshalb nicht im Hier und Jetzt sind, wo unser wirkliches

Selbst weilt. Wenn wir uns die Zeit als Linie vorstellen, die von der Zukunft in die Vergangenheit reicht, dann frisst die Vergangenheit die Zukunft ständig und ohne den geringsten Rest auf.«

Wie oft leben wir entweder im Gestern oder im Morgen und sind mit unseren Gedanken in der Vergangenheit oder der Zukunft!

Typische Sätze sind hier: »Warum habe ich bloß …?« oder »Ich muss noch unbedingt …!« Versuchen Sie lieber innezuhalten und im Augenblick zu verweilen. Sie meinen, das klinge einfacher, als es ist? Nun, das liegt vielleicht daran, dass wir es so gewohnt sind. Doch Verhalten kann man bekanntlich ändern.

GESTERN

»Warum habe ich bloß…?«

HEUTE

Kurzes Innehalten, regelmäßig gepflegt, erhöht unsere Aufmerksamkeit, verbessert das Gedächtnis; Meditation hilft (auch!) beim Merken.

MORGEN

»Ich muss noch unbedingt …!«

Die One-Moment-Meditation

Um das Innehalten zu lernen, habe ich eine großartige, einfach und unkompliziert umsetzbare Übung für Sie: die *One-Moment-Meditation* von Martin Borosen.[42] Schauen Sie sich erst das YouTube-Video an, es ist ansprechend und macht wirklich Lust. Und: Es räumt ganz wunderbar mit Vorurteilen gegenüber Meditation auf. Sie ist kein Hokuspokus für erleuchtete Yogi auf dem Nagelbett, sondern eine höchst sinnvolle und noch dazu wirklich gut in den Alltag integrierbare Hilfe, mit der Sie sich schnell besser fühlen.

ÜBUNG 25

Nehmen Sie sich jeden Tag ein paar Augenblicke Zeit, setzen oder stellen Sie sich bequem hin, halten Sie die Wirbelsäule gerade, lassen Sie die Schultern fallen. Schließen Sie die Augen und konzentrieren Sie sich auf Ihren Atem. Spüren Sie, wie sich Ihr Bauch bei jedem Einatmen hebt oder leicht ausdehnt und mit dem Ausatmen senkt oder zurückzieht. Halten Sie Ihren Geist offen und frei für diesen einen Augenblick, für diesen einen Atemzug. Lassen Sie alle Vorstellungen darüber los, dass Sie irgendwohin kommen wollen oder dass irgendetwas geschehen sollte. Immer wenn Ihre Gedanken abschweifen – und das werden sie am Anfang unweigerlich, das ist ganz normal –, denken Sie sich: »Hmm.« Kehren Sie immer wieder zu Ihrem Atem zurück und erleben Sie Augenblicke der Achtsamkeit, einer nach dem anderen, Atemzug um Atemzug.

Eine *One-Moment-Meditation* können Sie immer machen: in einer Warteschlange, am Arbeitsplatz, in einem langweiligen Meeting. Sie hilft Ihnen, wirklich dort anzukommen, wo Sie tatsächlich sind. Wenn Sie sich nach dem Aufstehen eine anregende, heiße Dusche gönnen, befinden Sie sich denn auch wirklich unter der Dusche? Spüren Sie das Wasser auf Ihrer Haut und den heißen Dampf in Ihrer Nase? Fällt Ihnen auf, wie die Dusche Ihre Lebensgeister weckt? Oder sind Sie in Gedanken schon im Büro oder bei einem anstrengenden Abend-Event?

Gerade zu Beginn kann es sein, dass Sie diese kurzen Pausen für Ihr Gehirn nicht regelmäßig machen. Erinnern Sie sich selbst daran. Kleben Sie einen Punkt oder ein Smiley auf Ihren Computermonitor oder Ihre Armbanduhr. Immer wenn es für Sie passt, halten Sie eine Minute inne und beobachten Sie Ihren Atem. Sie werden feststellen, dass sich – bei regelmäßiger Praxis – etwas verändern wird. Üben Sie sich in Geduld. Beim Erlernen eines neuen Musikinstruments würden Sie auch nicht sagen: »Gitarre spielen ist Quatsch, ich habe es gestern ausprobiert, aber ich kann das nicht.« Versuchen Sie es eine Zeit lang, dann ziehen Sie für sich Bilanz und schauen Sie, ob sich etwas – zum Besseren – für Sie verändert hat.

Eine simple* One-Moment-Meditation *hilft schon, mehr Achtsamkeit auf den Augenblick zu lenken und Ihrem Gehirn ein wenig Auszeit zu verschaffen.

Denkpausen durch »weiche Aufmerksamkeit«

Es gibt noch eine zweite Übung, mit der Sie Ihrem Gehirn zwischendurch Denkpausen gewähren können. Sie nennt sich »weiche Aufmerksamkeit«[43]. Auch durch sie soll der Denkstrom im Gehirn ausgeschaltet werden, die Herangehensweise ist aber eine andere. Während Sie bei der *One-Moment-Meditation* Ihre Aufmerksamkeit auf nur eine Sache lenken, nämlich auf Ihren Atem (und alles andere rundum auszublenden oder zu ignorieren trachten), schließt die »weiche Aufmerksamkeit« möglichst viel ein. Das geht so:

ÜBUNG 26

SCHRITT 1: DAS VISUELLE PANORAMA

Machen Sie es sich bequem und schauen Sie geradeaus. Entspannen Sie Ihre Augen und Ihr Gesicht. Heben Sie Ihre Arme und umrahmen Sie mit den Händen rechts und links Ihr Blickfeld, so wie Sie es gerade wahrnehmen. Dann beginnen Sie, den Rahmen zu erweitern, indem Sie die Hände nach außen bewegen. Tun Sie das, bis Sie an die äußersten Grenzen Ihres Sichtfelds anlangen. Senken Sie die Hände und behalten Sie das gesamte Panorama im Blick.

SCHRITT 2: DAS AKUSTISCHE PANORAMA

Nun öffnen Sie sich einem weiteren Sinneskanal, dem akustischen. Lauschen Sie, was Sie alles hören, und nehmen Sie sich Zeit, alles bewusst wahrzunehmen, was Sie nun gleichzeitig sehen und hören.

SCHRITT 3: DAS SENSORISCHE PANORAMA

Als Drittes nehmen Sie bewusst Ihre körperlichen Empfindungen wahr, nämlich Ihre Körperhaltung, Ihr Gleichgewicht, Druck, Temperatur, Geruch, Geschmack, den Grad Ihres Wohlgefühls. Sollten Sie auf angespannte Muskeln treffen, entspannen Sie sie. Lassen Sie sich Zeit dafür und gewöhnen Sie sich an diesen Zustand, in dem Sie alles sehen, hören und spüren, was in Ihrem Umfeld ist. Wichtig dabei ist, dass Sie alles, was Sie sehen, hören und spüren, nicht bewerten, sondern nur wahrnehmen, was ist.

Sie werden feststellen, dass Sie ganz automatisch aufhören zu denken, weil das nämlich gar nicht geht. Ihr Hirn läuft leer, Sie erreichen einen Zustand des Seins. Würde in diesem Moment Ihnen jemand eine Frage stellen und Sie eine Antwort suchen (»Wie viel ist acht mal neun?«), dann würde dieser Zustand augenblicklich zusammenfallen. Denn diese Übung der »weichen Aufmerksamkeit« bedient sich eines natürlichen Umstands: Es geht gar nicht, dass Sie alle Ihre Sinne bewusst nutzen, um maximal wahrzunehmen, was Sie sehen, hören und spüren – und gleichzeitig Ihr Gehirn einschalten. Um eine Antwort auf diese Frage zu finden, müssen Sie sich konzentrieren – und Konzentration ist das Gegenteil der »weichen Aufmerksamkeit«. In dem Augenblick, in dem Sie sich auf eine noch so kleine Sache konzentrieren wollen, reduziert sich die Bandbreite Ihrer Wahrnehmung.

! ***»Weiche Aufmerksamkeit« stellen Sie her, indem Sie Ihren visuellen, akustischen und sensorischen Kanal öffnen und versuchen, alles gleichzeitig wahrzunehmen, ohne zu bewerten. Ihr Gehirn macht ganz automatisch Pause.***

Nun wissen Sie, was Sie tun können, wenn Sie das nächste Mal aus einem anstrengenden Meeting kommen oder gerade eine anspruchsvolle Lerneinheit absolviert haben: Anstatt zur vermeintlichen Entspannung auf dem Smartphone ein Computerspiel zu spielen, setzen Sie sich auf eine Parkbank oder ins nächste Café und üben sich in »weicher Aufmerksamkeit«.

Das ist in jeder Hinsicht sinnvoll. Denn erstens ist ein Computerspiel bloß mehr vom selben – das Meeting hat Ihre volle

Konzentration gefordert und beim Spiel ist es nicht anders. Das heißt, dass sich Ihr Gehirn gar nicht wirklich entspannen kann! Die »weiche Aufmerksamkeit« hingegen ist eine echte Alternative zur Konzentration und entspannt Ihren Denkapparat tatsächlich!

Vorteile der »weichen Aufmerksamkeit«

Im Übrigen hat die Übung der »weichen Aufmerksamkeit« nicht nur den Vorteil, Ihr Gehirn zu entlasten. Sie schult Ihre Wahrnehmung auch auf ganz besondere Weise:

SIE FÖRDERT IHRE KREATIVITÄT

Um kreative Ideen zu entwickeln, braucht man einerseits einiges Wissen (im Langzeitgedächtnis), damit Sie genug Basismaterial haben, das Sie neu verknüpfen können, sowie ein gut funktionierendes Gehirn. Darüber hinaus weiß man heute, dass Kreativität sich meist dann einstellt, wenn das Gehirn einmal eine Denkpause macht. Nicht umsonst hat man oft Geistesblitze gerade unter der Dusche oder mitten in der Nacht!

SIE KÖNNEN MIT KOMPLEXEN AUFGABEN UND SITUATIONEN BESSER UMGEHEN

Mit der »weichen Aufmerksamkeit« üben Sie, sehr viele Sinneseindrücke gleichzeitig wahrzunehmen. Ich meine nicht, dass Sie besser im Multitasking werden, sondern dass es Ihnen mit der Zeit gelingen wird, viel mehr sinnlich und intuitiv zu erfassen, als es Ihr Verstand alleine jemals bewerkstelligen könnte.

SIE HABEN EINE WUNDERBARE EINSCHLAFHILFE PARAT

Gerade in stressigen Zeiten brauchen wir, wie gesagt, viel Schlaf, der sich aber genau dann nicht so recht einstellen will. Zwanghaftes Denken ist die wichtigste Ursache für Schlaflosigkeit, das wissen Sie vielleicht aus eigener, leidvoller Erfahrung. Probieren Sie diese »weiche Wahrnehmung« aus, die das Sehen, das Hören und das Spüren mit einschließt, entweder kurz vor dem Zubettgehen oder auch im Bett. Mit einem ganz entspannten Körper kann man nicht denken, und Sie werden sehen, in kürzester Zeit sind Sie eingeschlafen.

Naturfaszination

Eine dritte Art, unser Gehirn in einen anderen Modus zu bringen, möchte ich Ihnen hier ebenfalls noch vorstellen. Sie stammt von Clemens Arvay[44] und nennt sich »Naturfaszination«. Bei der Faszination handelt es sich um eine völlig andere Form der Aufmerksamkeit. Sie kostet uns keine Kraft wie die fokussierte Aufmerksamkeit, die wir beim Lernen, im Straßenverkehr oder bei unserer Arbeit benötigen. Im Gegenteil: Sie verläuft völlig mühelos und hilft unseren geistigen Kräften sogar sich zu regenerieren.

Auslöser dieser Faszination können Bau- oder Kunstwerke sein – denken wir nur an den Taj Mahal, die Chinesische Mauer, den Stephans- oder Kölner Dom, um nur einige zu nennen. Doch das Staunen über diese von Menschenhand geschaffenen Bauwerke kann nicht mithalten mit der tiefen Faszination über einen klaren, geheimnisvollen Sternenhimmel, über einen schillernden Regenbogen, einen gigantischen Wasserfall oder über den Ausblick von einem hohen Berggipfel in die unendliche Weite der Berglandschaft. Und Sie kennen sicherlich hier aus eigener Erfahrung noch viele weitere faszinierende Beispiele!

Diesen Regenerationseffekt der Natur zu erfahren ist gar nicht so schwer. Wenn wir uns mit geöffneten Sinnen in der Landschaft, und in unserem Fall vor allem im Wald bewegen, kann die gerichtete Aufmerksamkeit ruhen und durch Faszination abgelöst werden. Auch eine Naturmeditation im Sitzen oder Liegen auf einer Waldlichtung, wo wir mit der vorher beschriebenen »weichen Aufmerksamkeit« alle Sinne öffnen und sehend, hörend, riechend und fühlend die Natur in uns aufnehmen, kann nachweislich den Geist zur Ruhe bringen und uns helfen, unsere Batterien wieder aufzuladen.

Wir sind tagtäglich einem permanenten Denkstrom ausgesetzt, und das ist anstrengend. Das Gehirn frei von Gedanken zu bekommen ist gar nicht so einfach. Drei Übungen sollen Ihnen dabei helfen:

1. Wenn Sie die *One-Moment-Meditation* regelmäßig trainieren, konzentrieren Sie sich auf nur eines: ausschließlich auf Ihren Atem. Alles andere blenden Sie aus oder versuchen, es nicht zu beachten. Gedanken lassen Sie einfach kommen und wieder gehen, ohne sie festzuhalten oder näher betrachten zu wollen. Das entlastet!
2. Im Gegensatz dazu erweitern Sie bei der weichen »Aufmerksamkeit« Ihre Wahrnehmung. Indem Ihre Sinne damit beschäftigt sind, möglichst alles zu sehen, zu hören und zu spüren, ist es dem Gehirn unmöglich zu denken. Der Gedankenstrom versiegt, und das ist sehr angenehm und entspannend.

3. Besonders wirkungsvoll ist es, wenn sie sich der Naturfaszination hingeben oder sich Zeit für eine Meditation in der Natur, vorzugsweise in einem Wald, nehmen.

! *Alle drei Übungen sind nicht nur dafür gut, Ihr Hirn immer wieder leer zu machen. Wenn Sie regelmäßig üben, wird es Ihnen längerfristig viel besser gelingen, achtsam zu sein, Ihre Aufmerksamkeit gezielt auf das zu richten, was im jeweiligen Moment gerade das Wichtigste ist. So kann Ihr Gehirn viel besser arbeiten!*

BEWEGUNG BRINGT DEN GEIST IN SCHWUNG

WER SEINE MUSKELN BEWEGT, TUT NICHT NUR der schlanken Linie und seinem Herzen etwas Gutes, sondern nützt auch seinem Gehirn. »In jedem Alter, vom Schüler bis zum Greis, zeigen jene Menschen, die regelmäßig trainieren, eine deutlich bessere kognitive Leistung«, sagt der Wiener Sportmediziner Paul Haber.[45] Das lässt sich sogar wissenschaftlich beweisen. Bei Muskelaktivität wird der Botenstoff BDNF *(brainderived neurotrophic factor)* vermehrt produziert. BDNF gehört zu den Neurotrophinen, einer Gruppe von Proteinen, die eine wichtige Rolle bei der Entwicklung des Nervensystems spielen und im reifen Nervensystem Neuronen vor dem Absterben schützen können. Gleichzeitig werden auch mehr Blutgefäße gebildet, das Gehirn wird besser mit Sauerstoff versorgt.

Regelmäßige Bewegung, das weiß man mittlerweile, ist eines der ganz wenigen Mittel, die tatsächlich präventiv gegen Demenz wirken. In einem frühen Demenzstadium kann man durch Joggen, Nordic Walking oder Radfahren der Krankheit sogar noch entgegenwirken. Kinder, die keinen Purzelbaum (mehr) schlagen können, sind meist auch schlechtere Schüler, auch das lässt sich nachweisen.[46] Dass regelmäßige Bewegung und Sport die Wahrscheinlichkeit von Herz-Kreislauf-Erkrankungen, Diabetes und sogar Krebs reduziert, ist mittlerweile hinlänglich bekannt.

Die gute Nachricht: Sie müssen keinen schweißtreibenden Sport machen, um einen positiven Effekt auf Ihre Hirnleistung zu erzielen. Es reicht schon, wenn Sie zügig gehen. Nur regelmäßig müsste es sein. Drei, besser vier Mal pro Woche eine halbe

Stunde gehen, das sollte schon sein. Doch was ist das schon, wenn Sie dadurch ein paar Jahre länger leben und noch dazu geistig fit bleiben?

Und wieder landen wir im Wald: Wenn Sie Ihr regelmäßiges Bewegungspensum auch noch im Grünen machen, profitieren Sie gleich doppelt davon. Marc Berman und seine Mitarbeiter[47] haben in einer Studie herausgefunden, dass Erwachsene nach einem einstündigen Spaziergang im Wald bei einem anschließenden Test für Aufmerksamkeit und Gedächtnis um 20 Prozent besser abschnitten als jene, die eine Stunde in der lärmenden Großstadt herumgingen. Die Hypothese ist, dass der Mensch auch heute noch besser an das Leben in der Natur angepasst ist als an das Stadtleben. Das ist nicht weiter überraschend.

Man braucht sich ja nur die Menschheitsgeschichte des Homo Sapiens als ein Buch mit 100 Seiten vorzustellen. Erst auf Seite 95 ist der Mensch sesshaft und betreibt Ackerbau. Unsere Geschichte ab Christi Geburt käme erst auf der letzten Seite dran – und die Beschreibung, wie wir Menschen heute in Großstädten leben, fände gerade noch auf den letzten paar Zeilen des Buches Platz.[48]

Die Fülle an Reizen, denen man in einer Stadt ausgesetzt ist, muss unser Gehirn ja erst einmal verarbeiten. Sie überfordert uns meistens. Die Wissenschaftlerin Sara Lazar nimmt an, dass es in der Stadt sogar ein Vorteil ist, wenn wir nur eine sehr kurze Aufmerksamkeitspanne haben. Denn würden wir zum Beispiel lange bei einer Leuchtreklame verweilen, könnten wir Gefahren wie das heranbrausende Auto leicht übersehen, und das wäre eindeutig ein evolutionärer Nachteil.

Welche Wohltat längere, flotte Spaziermärsche an der frischen Luft sind, konnte ich selbst besonders in meiner Vorbereitungszeit auf die Gedächtnisweltmeisterschaften in Singapur feststellen. Mein täglicher Waldmarsch gehörte genauso zu meinem Trainingsprogramm wie geistig herausforderndes Trainieren von Zahlen, Wörtern oder das Merken von Namen. Ich bin überzeugt, das Gehen hat nicht nur meiner körperlichen Fitness gutgetan!

In Japan ist das »Einatmen der Waldatmosphäre« oder auch kurz *Waldbaden (Shinrin-yoku)* mittlerweile eine offiziell anerkannte Methode zur Stärkung der Gesundheit von Körper und Geist. Was wir intuitiv immer schon wussten, wird nun durch zahlreiche Studien belegt. Ein Aufenthalt im Wald baut Stress ab, stärkt die Psyche und fördert sogar die Produktion natürlicher Killerzellen. Vielleicht macht Ihnen das Lust, öfters »Herrn Doktor Wald« zu konsultieren? Am Ende dieses Kapitels lernen Sie ihn in einem erfrischenden Gedicht eines unbekannten Verfassers kennen.

Wie sehr Bewegung unsere Hirnleistung positiv beeinflusst, zeigt auch ein Experiment ganz anderer Art. Die Psycholinguistin Manuela Macedonia konnte beweisen, dass Bewegung konkret beim Lernen von Vokabeln hilft.[49] Sie stellte fest, dass ihre Schüler italienische Wörter besser memorieren konnten, wenn sie sie gemeinsam mit Gesten lernten. *A sinistra* und *a destra* – links und rechts – wurden also mit der entsprechenden Handbewegung nach links und rechts gelernt. Mit ihrer Forschungsgruppe kreierte sie daraufhin die künstliche Fremdsprache *Vimmi*, die ihre Probanden lernen sollten. Sie sollten 46 Vokabeln zusammen mit Gesten lernen, die das jeweilige Wort bildlich darstellten. So wurde beispielsweise das *Vimmi*-Wort für »Treppe« mit stufenförmigen Armbewegungen gezeigt. Außerdem sollten die Probanden sich noch 46 andere Vokabeln merken, diesmal mit Gesten, die keinen bildlichen Zusammenhang zeigten wie zum Beispiel »Fenster« mit einem Kratzen am Oberschenkel. Wie nicht anders zu erwarten, konnten die Teilnehmer die Vokabeln umso besser behalten, je besser die Geste den Wortinhalt abbildete.

Die unterschiedliche Wirkung konnte auch mithilfe eines MRT nachgewiesen werden. Als man den Probanden die 92 Wörter präsentierte, zeigte der Hirnscanner bei den Wörtern in Verbindung mit sinnvollen Gesten eine deutlich höhere Aktivität im Gehirn, und zwar in vielen verschiedenen Arealen gleichzeitig. Beeindruckend war auch die Langzeitwirkung: Nach 14 Monaten konnten die Probanden noch etwa 10 Prozent dieser Wörter wiedergeben. Bei den Vokabeln ohne Verbindung zu Gesten lag die Quote nur bei 1 Prozent.[50] Der Grund: Wenn nicht nur die Gehirnareale, die mit Sprache beschäftigt sind, aktiviert werden, sondern auch noch motorische und visuelle Bereiche, dann ist das Gehirn viel stärker vernetzt, und das erleichtert das spätere Erinnern. Es reicht dann, einen Punkt dieses Netzwerks zu aktivieren, damit auch die anderen Punkte im Netzwerk erreicht werden.

Vergessen ist durch Zerfall solcher Netzwerkpunkte gekennzeichnet. Wenn Sie also einmal gelernt haben, dass Maria Theresia von 1717 bis 1780 gelebt hat, die Jahreszahl aber vergessen haben, heißt das nichts anderes, als dass sich die dazugehörige neuronale Verknüpfung aufgelöst hat. Ist das Netzwerk aber viel größer, ist es nicht so schlimm, wenn sich eine einzelne Verknüpfung weglöst. Wir sind also weniger anfällig fürs Vergessen.

Ein beweglicher Geist kann nur in einem bewegten Körper leben. Daher:

Sorgen Sie dafür, dass Sie in Bewegung bleiben!

Ich weiß, das ist leichter gesagt als getan. Vielleicht helfen Ihnen meine Anregungen weiter.

GEHEN SIE SO OFT WIE MÖGLICH ZU FUSS

Drei bis vier Mal pro Woche mindestens eine halbe Stunde zügig zu Fuß gehen – das müsste doch zu machen sein. (Sie könnten zum Beispiel zu Fuß vom Büro nach Hause gehen, anstatt die Straßenbahn zu nehmen.) Wer eine zusätzliche Motivation möchte: Wie wäre es mit einem Schrittzähler? 6.000 oder am besten 10.000 Schritte sollten wir laut diverser Empfehlungen täglich gehen. Das sind ungefähr vier bis fünf Kilometer zu Fuß. Man kann sich ein Ziel setzen – und mit jedem Schritt kommt man diesem im wahrsten Sinne näher.

Vermeiden Sie jedoch die üblichen Ablenkungen. Wer beim Gehen noch Telefonate erledigt oder Mails checkt, lässt sich von einem Autopiloten lenken. Schneiden Sie die »digitale Nabelschnur« bewusst für eine gewisse Zeit ab und erleben Sie den Reichtum der analogen Gegenwart – ganz im Hier und Jetzt.

GLEICHGEWICHTSÜBUNGEN FÖRDERN DAS RÄUMLICHE DENKEN

Machen Sie es wie ich und nutzen Sie die Zeit beim täglichen Zähneputzen für ein Balancetraining. Ich habe es mir angewöhnt, dabei abwechselnd für jeweils eine Minute auf einem Bein zu stehen. Das sind bei zwei Mal Zähneputzen täglich vier Minuten Balancetraining pro Tag – und wenn wir diese vier täglichen Minuten ganz präsent als Achtsamkeitsübung im Hier und Jetzt absolvieren, kommen wir immerhin auf stolze 1.460 Minuten Training für die körperliche und geistige Balance pro Jahr.

BALANCETRAINING AUF DEM MINITRAMPOLIN

Ein exzellentes, wenig zeitaufwendiges Fitnessprogramm bietet sich auf dem Minitrampolin an. Ich habe mittlerweile dieses kleine Gerät lieben gelernt, das wir vor vielen Jahren einmal für unsere Kinder gekauft hatten. Das sanfte Auf- und Abschwingen mobilisiert Glückshormone und, mit passender, motivierender Musik unterlegt, vergehen 20 Minuten wie im Flug. Das ist zudem auch effektiver und vor allem gelenkschonender als 40 Minuten Joggen.

NÜTZEN SIE JEDE GELEGENHEIT, UM AUFZUSTEHEN

Wenn Sie am Schreibtisch arbeiten: Gestalten Sie Ihren Arbeitsbereich so, dass nicht alles in Griffweite ist. Wenn das Telefon klingelt und Sie diesem Anruf ohnehin Ihre gesamte Aufmerksamkeit widmen möchten, nützen Sie die Gelegenheit, während des Telefonats im Raum umherzugehen.

GENÜSSLICH STRECKEN UND RECKEN

Was wir nicht unterschätzen sollten, ist eine ganz einfache Art, unserem Köper etwas Gutes zu tun, wie das zum Beispiel Katzen und Hunde machen. Sie zeigen uns: Im Strecken liegt Genuss. Wir treten in einen Dialog mit unserem eigenen Körper – er sagt uns, was er angenehm findet und was nicht. Sie haben das genüssliche Strecken als Abschluss meines »Guten-Morgen-Mini-

Workouts« bereits kennengelernt, das ich Ihnen im Kapitel über den gesunden Schlaf vorgestellt habe. Aber auch zwischendurch bietet sich diese kleine Wunderübung an, ganz besonders, wenn Sie ohnehin von Ihrem Schreibtisch aufstehen müssen.

KLARES WASSER, KLARES DENKEN!

Zum Schluss noch ein wichtiger Tipp nach so viel Regen und Bewegen. Ausreichendes Trinken ist nicht nur wichtig für einen gut funktionierenden Körper, sondern auch für einen fitten und schnellen Geist! Die Faustregel lautet: 2,5 Liter für Männer und 2 Liter für Frauen. Ich habe es mir angewöhnt, am Morgen einen Wasserkrug zu füllen und in Sichtweite aufzustellen. Allein der Blick darauf genügt, den Wunsch nach einem Glas daraus zu erzeugen und ans Trinken zu denken.

Und nun, zum Abschluss, »als kreative Form einer Zusammenfassung« das erwähnte Gedicht vom *Doktor Wald.*

(UNBEKANNTER VERFASSER) | *Doktor Wald*

Wenn ich an Kopfweh leide und Neurosen,
mich unverstanden fühle und alt,
und mich die schönsten Musen nicht liebkosen,
dann konsultiere ich den Doktor Wald.

Er ist mein Augenarzt und mein Psychiater,
mein Orthopäde und mein Internist,
er hilft mir sicher über jeden Kater,
ob er aus Kummer oder Cognac ist.

Er hält nicht viel von Pulverchen und Pille,
doch umso mehr von Luft und Sonnenschein.
Und kaum umfängt mich seine sanfte Stille,
raunt er mir zu: Nun atmen Sie mal ein!

Ist seine Praxis auch sehr überlaufen,
in seiner Obhut läuft man sich gesund,
und Kreislaufschwache, die heute schnaufen,
sind morgen ohne klinischen Befund.

Er bringt uns immer wieder auf die Beine
und unsere Seelen stets ins Gleichgewicht,
verhindert Fettansatz und Gallensteine
nur – Hausbesuche macht er nicht!

DANKBARKEIT –
DAS GEDÄCHTNIS DES HERZENS

SIE KENNEN BESTIMMT MENSCHEN, DIE VIEL JAMMERN. Vielleicht sind Sie ja sogar selbst jemand, der sich gerne beklagt: über etwas, das nie da ist, wenn man es braucht; über das Finanzamt, das so viele Steuern verlangt; über den Ehemann, der nie aufmerksam genug ist; über die Kinder, die nie im Haushalt helfen, oder auch einfach nur darüber, dass es regnet. Es gibt scheinbar genug Gründe, um täglich zu jammern. Und wie steht es eigentlich mit der Dankbarkeit? In unserer Wohlstandsgesellschaft sollte es doch noch viel mehr Gründe zum Dankbarsein geben als zum Jammern, oder?

Vielleicht lassen Sie sich ja von mir überzeugen, dass es sehr gute Gründe gibt, sich auf die Suche nach dem Guten zu begeben, denn: Dankbarkeit ist gut für Ihr Gehirn! Der Publizist Peter E. Schumacher[51] sagte: »Nur wer denkt, kann danken« – ich finde, dasselbe gilt auch umgekehrt: Wer in der Lage ist, dankbar zu sein, kann besser denken! Dankbarkeit aktiviert viele verschiedene Hirnregionen. Sie macht uns offener und aufmerksamer gegenüber den Menschen und den Dingen um uns herum. Sie lässt uns bewusster durchs Leben gehen, wir nehmen mehr wahr, wir nehmen mehr Bilder in uns auf – und können uns somit auch mehr merken!

Dankbarkeit aktiviert viele Regionen im Gehirn, lässt uns bewusster durchs Leben gehen und hält unser Gehirn fit.

An der Indiana University, USA, konnten Forscher in einer Studie zeigen, wie Dankbarkeit das Gehirn umbaut und dass nachhaltige positive Effekte entstehen.[52] Sie baten 43 Personen, die wegen Ängsten oder Depressionen in Behandlung waren, pro Woche 20 Minuten lang einen Brief an jemanden zu schreiben und dem Empfänger des Briefs dabei ihre Dankbarkeit auszudrücken. Es war den Teilnehmern der Studie selbst überlassen, ob sie den Brief auch wirklich abschicken wollten oder nicht. Nach drei Wochen – also nach drei Briefen – war der Versuch beendet. Eine Kontrollgruppe gab es natürlich, die in diesen drei Wochen auf das Schreiben solcher Briefe verzichtete.

Drei Monate später wurden alle Teilnehmer (auch die der Kontrollgruppe) unter einen Hirn-Scanner gelegt. Dort wurde ihnen eine Aufgabe gestellt: Sie bekamen von einem Gönner Geld geschenkt und hatten die Möglichkeit, ihre Dankbarkeit auszudrücken, indem sie einen Teil oder das gesamte Geld einer Hilfsorganisation oder sonst jemandem spendeten. Alle Teilnehmenden wussten, dass dies nur ein Experiment war und es diesen Gönner gar nicht gab. Doch man versicherte ihnen, dass zumindest eine der Transaktionen per Zufallsprinzip ausgewählt und tatsächlich stattfinden würde.

Der Hirn-Scanner zeigte Folgendes: Je dankbarer jemand war (je mehr Geld er also weitergab), desto mehr Hirnaktivitäten wurden aufgezeichnet: im Frontallappen vorne hinter der Stirn, der Sitz von Persönlichkeit und sozialem Verhalten ist, im Parietallappen dahinter, der für sensorische und motorische Dinge zuständig ist, und im Okzipitallappen am Hinterkopf, mit dessen Hilfe wir sehen können. Dankbarkeit aktiviert also große Bereiche unseres Gehirns.

Zwei Monate später wurden die Teilnehmer nochmals untersucht. Jene unter ihnen, die zuvor Dankbarkeitsbriefe geschrieben hatten, zeigten im Hirn-Scanner auch nach dieser Zeit mehr Hirnaktivität in den entsprechenden Regionen als die

Kontrollgruppe. Sie berichteten auch, dass sie sich dankbarer fühlten. Die Forscher schlossen daraus, dass Dankbarkeit offensichtlich eine Emotion ist, die sich umso häufiger bei jemandem zeigt, je stärker er sie praktiziert. Sprich: Wer sich bewusst in Dankbarkeit übt, wird sie auch in neuen Situationen spontan stärker spüren. Die Forscher gehen davon aus, dass dies deshalb so gut funktioniert, weil wir Menschen vom gegenseitigen Wohlwollen abhängig sind. Dankbarkeit stärkt unser prosoziales Verhalten und ist daher eine ganz wichtige Emotion!

Je mehr wir unsere Dankbarkeit trainieren, desto besser fühlen wir uns und desto produktiver kann unser Gehirn arbeiten. !

So können wir Dankbarkeit trainieren

Dankbarkeit zu trainieren ist gar nicht so schwer. Ich habe ein paar Ideen für Sie gesammelt. Betrachten Sie diese Sammlung als Fundus, aus dem Sie sich das herausnehmen, das Sie am meisten anspricht.

DAS WÖCHENTLICHE LÄCHELN

Besorgen Sie sich ein hübsches Notizbüchlein und notieren Sie pro Woche, wofür Sie dankbar sind. Am besten, Sie nehmen sich einen bestimmten Tag vor, zum Beispiel den Freitag oder wie ich den Sonntagabend. Jeden Freitag beim Frühstück oder am Sonntagabend blicken Sie auf die Woche zurück und halten fest, was Sie dankbar gemacht hat. Schreiben Sie, wenn möglich, mit der Hand! – Weshalb das zusätzlich nützlich ist, haben wir schon erwähnt.

BEOBACHTEN SIE SICH SELBST

Damit Sie genug Stoff für Ihre wöchentlichen Notizen haben, werden Sie möglicherweise aufmerksamer durchs Leben gehen. Durch regelmäßige Übung in Dankbarkeit wird sie zusätzlich noch verstärkt, wie die Forscher der Indiana-Universität nachgewiesen haben.

DIE TÄGLICHE DANKBARKEITS-DOSIS 1

Schreiben Sie täglich zwei Minuten lang positive Erlebnisse nieder. Wenn Sie diese Gewohnheit über einen längeren Zeitraum praktizieren, schaffen Sie es, Ihr Gehirn von einer negativen Haltung umzupolen zu einer positiveren Lebenseinstellung. Das ist Psychohygiene, lässt Freude entstehen und macht Ihr Gehirn wacher.

DIE TÄGLICHE DANKBARKEITS-DOSIS 2

Seien Sie achtsam gegenüber Ihrer Umgebung und finden Sie täglich mindestens eine Sache, zu der Sie spontan sagen (oder zumindest denken): »Danke, dass …« Das kann auf dem Weg zur Arbeit der gerade aufblühende Baum neben der Bushaltestelle sein, der Sie denken lässt: »Ist das nicht ein wunderschöner Frühlingsgruß? Danke, lieber Baum, dass du hier so gut gedeihst.« Oder der Straßenmusiker auf dem Heimweg von der Arbeit, dem Sie kurz Ihre Aufmerksamkeit schenken, eine Münze in den Hut werfen und sagen: »Danke, dass du so schön spielst.«

DANKBARKEIT FÜR FORTGESCHRITTENE

Probieren Sie es aus, auch negativen Dingen gegenüber dankbar zu sein. Ich weiß, das hört sich etwas merkwürdig an. Die Idee dahinter ist, dass jeder noch so negative Gedanke schließlich auch seine Daseinsberechtigung haben soll. »Danke, liebe Nervosität, dass du mich so beutelst vor meinem Vortrag. Ich weiß, du bist wichtig, damit ich eine gute Leistung bringe.« Oder: »Danke, lieber Ärger, dass du mich warnst vor diesem unverschämten Kunden. Du zeigst mir meine Grenzen auf, damit ich gut auf mich achtgebe, wenn ich mit ihm verhandle.«

Bruder David Steindl-Rast ist für mich in dieser Hinsicht wichtigstes Vorbild und Ideengeber. Auf der Seite www.gratefulness.org spricht er in einem Interview mit dem Philosophen und Theologen Dr. Phil. Christoph Quarch darüber, wie Dankbarkeit und negative Situationen in unserem Leben zusammenpassen. Lassen Sie sich von seinen Gedanken inspirieren: »Alles, wofür ich gemeinhin dankbar bin – der Sonnenschein, die schöne Kunst, das gute Essen –, all das wäre nichts wert, wenn ich nicht Gelegenheit hätte, mich daran zu freuen. Und für diese Gelegenheit kann ich auch dann noch dankbar sein, wenn ich mit Situationen konfrontiert werde, für die ich nicht dankbar sein kann: Ausbeutung, Unterdrückung, Gewalt, der plötzliche Tod eines Menschen, Untreue … Ich kann dankbar sein für die Gelegenheit, etwas Neues zu lernen, zu wachsen, zu reifen. Im Augenblick ist das oft unmöglich, aber gleichwohl kann ich mich in dem Vertrauen üben, dass mir das Leben wieder und wieder Gelegenheit gibt, mein Potenzial zu entfalten. Und tatsächlich: Wenn wir rückblickend auf unser Leben schauen, dann stellen wir fest, dass es oft die Schicksalsschläge waren, die uns haben reifen und wachsen lassen.«

DANKBARKEITS-APP AM HANDY

Zu guter Letzt zur Abwechslung noch ein Tipp für Ihr Handy: Auf dieser erwähnten Seite www.gratefulness.org finden Sie eine liebevoll gestaltete Gratis-App, die ich sehr empfehlen kann. Die Idee für diese App entsprang einer Geschichte, die Sie vielleicht kennen: Es ist die Geschichte einer alten Frau, die zufrieden und glücklich lebte. Wenn sie ihr Haus verließ, nahm sie immer eine Handvoll Bohnen mit. Und jedes Mal, wenn sich etwas ereignete, das sie mit Dank erfüllte, ließ sie eine Bohne – vielleicht auch einmal zwei oder drei – von der einen Jackentasche in die andere gleiten. Abends saß die Frau zu Hause am Tisch und zählte ihre Bohnen. Dabei führte sie sich vor Augen, was ihr an diesem Tag alles an Schönem und Gutem widerfahren war.

In der App werden die Bohnen zu Samen der Dankbarkeit, die Sie dort »pflanzen« können. Notieren Sie sich nach einer Begegnung mit einem besonderen Menschen gute Eindrücke; ein Foto kann einen speziellen Moment festhalten … und schon bald ist eine große Ernte eingebracht!

Egal, welcher Tipp Sie anspricht: Schon eine einzige positive Gewohnheit stärkt Ihr Gehirn dahingehend, achtsamer und aufmerksamer den positiven Seiten des Lebens gegenüber zu werden. Außerdem hilft es, viel mehr Facetten der Welt zu erkennen, die Sie umgeben. Dankbarkeit ist Wellness pur für Ihre Seele, Balsam für Ihre Lebensqualität – und ein starkes Mittel für Ihr Gehirn!

! ***Dankbarkeit aktiviert viele Hirnregionen. Sie sorgt dafür, dass Sie viel bewusster und aufmerksamer durchs Leben gehen. Wenn Sie mehr nach den positiven Dingen in Ihrem Leben suchen, werden Sie feststellen, dass sich Ihre Lebensqualität deutlich steigert.***

WIE SIE MIT WORTEN IHR GEHIRN BEEINFLUSSEN

WO WIR GERADE BEI POSITIVEN BETRACHTUNGEN SIND: Ein Teil der guten Wirkung von Dankbarkeit liegt wohl darin, dass wir dabei bestimmte Worte verwenden. Es ist tatsächlich so, dass positive Wörter und Begriffe unsere Motivation, unser Mitgefühl sowie auch unsere Denkleistung stärken. Der Neurowissenschaftler Andrew Newberg und der Kommunikationsexperte Robert Waldman[53] haben sich mit dem Zusammenhang von Wortwahl und Hirnleistung auseinandergesetzt und festgestellt: »Deine Worte, die du benutzt, verändern dein Gehirn.«

Wenn wir positiv besetzte Wörter benutzen, stärken wir beispielsweise Areale im Frontallappen im Stirnbereich und verbessern damit unser logisches Denken. Dabei ist es egal, ob wir diese Worte an andere richten oder an uns selbst (also sie nur denken). Negative Wörter hingegen lösen Stress aus. Stresserzeugende Hormone werden ausgeschüttet und sorgen dafür, dass unser Körper in Alarmbereitschaft gerät, was wiederum eine Reihe chemischer und physikalischer Reaktionen in Gang setzt. So wird unter anderem Blut aus der Peripherie in die Muskeln gepumpt, was dazu führt, dass das Gehirn kurzfristig unterversorgt wird. Der Frontallappen verliert für die Phase der Alarmbereitschaft an Leistungsfähigkeit.[54]

Manchmal stehen wir unter Dauerstress, viel mehr, als es gesund für uns ist. Dies schwächt unser Immunsystem – wir werden anfälliger für diverse Zivilisationskrankheiten, und dies beeinflusst auch unser Gehirn. Was Sie dagegen tun können? Stress reduzieren, wo immer es möglich ist! Schon die Sprache, die Wahl der Worte ist dabei nicht unwesentlich. Das entspricht auch dem, was die Positive Psychologie mit Studien belegt: Es ist wichtig, dass wir uns mehr auf positive Worte und auch positive Erlebnisse konzentrieren. So kann nicht nur unser Gehirn besser arbeiten, sondern es steigert sich auch unsere Fähigkeit, Glück zu erleben. Der Dalai Lama hat einmal die richtigen Worte für dieses Phänomen gefunden, als er sagte: »In der Wut verliert der Mensch seine Intelligenz.« Dazu reichen schon einzelne Wörter!

! ***Negative Worte lösen Stress in Ihrem Körper aus, sodass Ihr Gehirn nicht einwandfrei arbeiten kann. Sie beeinflussen Ihr Unterbewusstsein zu Ihrem Nachteil.***

In Kapitel 3 haben Sie schon darüber gelesen, wie Sie durch das Spiel mit Worten auch ganz einfach Dinge leichter und länger im Gedächtnis behalten können. Erinnern Sie sich an die seltsame Reise des FC Bayern München durch die deutschen Bundesländer? Oder die »vatikanischen Mönche, die Liebe mal anders sahen« und uns so halfen, uns die sechs europäischen Zwergstaaten zu merken? Diese kreativen Wortspiele sind ganz wesentlich, wenn wir uns der Memoriertechniken bedienen wollen.

Versuchen Sie, auch in ganz normalen Alltagsgesprächen Wörter zu verwenden, die positive Bilder erzeugen. Hier ein paar Beispiele:

Wie oft sagen wir uns: »Das darf ich nicht vergessen!« Doch Sie sollten wissen, dass eine Negation hier irrelevant ist, weil Ihr Unbewusstes das nicht entsprechend wahrnimmt. Das ist so wie die Aufforderung, nicht an einen Orang Utan in grün gestreifter Badehose zu denken – Sie haben in dem Augenblick, wo Sie das versuchen, garantiert genau dieses Bild im Kopf, obwohl das Wörtchen »nicht« davor steht. Bei »nicht vergessen« taucht automatisch ein Bild für »vergessen« vor Ihrem inneren Auge auf – und das ist die falsche Botschaft!

Was tun Sie in solchen Fällen am besten? Werden Sie kreativ und nutzen Sie Ihren Wortschatz, lassen Sie sich eine Alternative einfallen, und vermeiden Sie bewusst das Wort »nicht«, zum Beispiel: »Das merke ich mir!« Wenn Sie also einer Kollegin versprechen, ihr morgen ein wichtiges Dokument mitzubringen, dann sagen Sie der Kollegin (oder auch nur leise für sich): »Das merke ich mir!« Damit das Gewünschte auch tatsächlich passiert, wenden Sie gleich noch die Memoriertechnik *Denken in Bildern* an. Stellen Sie sich vor, wie Sie morgen früh, das Dokument auf dem Kopf balancierend, das Haus verlassen. Sollten Sie dann wider Erwarten doch ohne Dokument die Türschwelle überschreiten, wird garantiert das seltsame Gefühl in Ihnen hochsteigen, dass da doch noch irgendetwas war ... Und ganz schnell wird es Ihnen einfallen!

Bitte verstehen Sie mich nicht falsch, wenn ich hier so sehr das Positive hervorkehre. Unkritisches und vor allem unreflektiertes positives Denken ist kein Allheilmittel für alle Probleme dieser Welt. Wenn jemand Schmerzen hat, tiefe Trauer erlebt oder eine Lebenskrise meistern muss, werden diese Probleme nicht weggehen, nur weil er (oder sie) sich diese schönredet.

Vielmehr ist es meine Absicht, Sie auf die Macht der Worte aufmerksam zu machen, damit Sie diese bewusster und sorgsamer wählen. Es fühlt sich einfach besser an, bei einem Fehler zum Gegenüber oder auch zu sich selbst zu sagen: »Stimmt, das war jetzt nicht sehr vorausschauend von mir/dir.« Die viel ungnädigere Variante »Wie dumm war das denn!« spürt sich im Vergleich dazu deutlich verletzender an, nicht wahr? Wenn im Moment des Fehlers vielleicht der Verstand nicht ganz hellwach war, schwingt bei der ersten Variante ein bisschen Hoffnung mit, dass Klugheit und Umsicht beim nächsten Mal wieder Oberhand gewinnen. Die geringschätzigen Worte »Wie dumm von mir!« hingegen lassen einer solchen Hoffnung keinen Platz, sondern führen zu Beschämung, vielleicht auch zu trotziger Verteidigung. Worte können Waffen sein, mit denen wir uns und andere verletzen – aber sie können uns auch helfen, das Leben konstruktiv und wertschätzend zu gestalten.

! *Wählen Sie aus Ihrem reichhaltigen Fundus an Worten jene aus, mit denen Sie sich und anderen Gutes tun.*

Marc Aurel sagte einmal: »Auf die Dauer der Zeit nimmt die Seele die Farben der Gedanken an.« Die schon erwähnten Wissenschaftler Newberg und Waldman haben diese Weisheit in ihren Studien bestätigt, sie konnten zeigen: Je länger wir uns auf positive Worte konzentrieren, umso mehr werden auch andere Hirnregionen davon beeinflusst. Wenn wir uns selbst positiver sehen, wird auch unser Blick auf andere Menschen wohlwollender, während wir bei einem negativen Selbstbild kritisch und zweifelnd bleiben. Die Forscher sind überzeugt, dass sich damit auch unsere Wahrnehmung der realen Welt verändert.

! *Verändere deine Worte, und du veränderst dein Leben – so könnte man die wichtigsten Forschungsergebnisse auf den Punkt bringen. Üben Sie sich in wohlwollender Kommunikation – sich selbst und anderen gegenüber –, dann beeinflussen Sie Ihr Selbstbild positiv. Das hat auch weitere Folgen auf die Wahrnehmung anderer. Positive Worte entstressen – auch das macht unser Gehirn leistungsfähiger und aktiver.*

ERINNERUNGEN STÜTZEN UNSER GEDÄCHTNIS

ES ERSCHEINT UNS GANZ SELBSTVERSTÄNDLICH: Am Montagmorgen im Büro sprechen wir mit Kollegen über die Ereignisse des vergangenen Wochenendes. Nach dem Urlaub schwärmen Rückkehrer zum Beispiel davon, wie toll es war, in einem Pfahlhaus auf den Malediven zu leben; oder sie schildern, wie beängstigend steil der Kletterpfad war, auf den sie sich gewagt haben … (Groß-) Mütter und -Väter erzählen ganz entzückt, wie der Enkel oder Sprössling die ersten Stehversuche gemacht hat.

Wir tauschen Erinnerungen aus, erzählen Anekdoten. Warum wir das tun? Um zu unterhalten, uns vielleicht auch ein bisschen wichtig zu machen oder aus reinem Mitteilungsbedürfnis, weil das Erlebnis viel zu groß und überschäumend war, um es alleine für sich zu behalten? Vielleicht auch, weil das Erlebte erst durch die Umsetzung in Sprache geordnet und einem Sinn zugeführt werden kann? Und gewiss hat es immer auch etwas mit der eigenen Identität zu tun. Denn was wären wir ohne unsere Erinnerungen?

Im Lauf unseres Lebens speichern wir in unserem Gehirn Erlebnisse ab. Von Geburt an nehmen wir wahr, was von Bedeutung ist, so lernen wir, uns in der Welt zurechtzufinden. Das episodische oder autobiografische Gedächtnis, das uns das Erinnern ermöglicht, entwickelt sich aber erst nach den ersten drei Lebensjahren, davor kann aufgrund der sogenannten kindlichen Amnesie nicht erinnert werden.[55] Zwischen 15 und 25 Jahren machen wir die meisten mit vielen Emotionen verbundene Ersterfahrungen: die erste Liebe, das erste Auto, der erste Job, die erste Wohnung und anderes mehr. Forscher sprechen davon, dass sich sogar 70 Prozent aller Erfahrungen auf das erste Lebensdrittel beziehen. Die restlichen 30 Prozent verteilen sich dann über den Rest des Lebens.

Mit diesem Phänomen erklärt man übrigens auch, warum die Zeit mit zunehmendem Alter immer schneller zu vergehen scheint. Je mehr Erinnerungen wir in ein bestimmtes Zeitintervall packen, desto langsamer scheint dieses Intervall zu vergehen.[56] Sie kennen diesen Umstand vermutlich aus jedem (Entspannungs-)Urlaub:[57] Sie kommen an einen unbekannten Ort, die zwei Wochen vor Ihnen scheinen wunderbar unendlich. In der ersten Woche lernen Sie sehr viel Neues kennen: das Hotel, die Menschen, den Strand. Sie essen jeden Tag in einem anderen Restaurant, bestaunen Sehenswürdigkeiten. Dann ist die erste, von vielen Ersteindrücken gefüllte Woche vorbei, die zweite beginnt und die Ersterlebnisse werden immer weniger. Sie gehen zum zweiten und dritten Mal ins selbe Restaurant, Sie plaudern mit bereits bekannten Hotelgästen, die Sehenswürdigkeiten sind alle besucht – und so lang Ihnen die erste Woche erschien, so sehr scheinen die letzten Tage nur noch dahinzurasen. Und schon sitzen Sie auch schon wieder im Flugzeug nach Hause.

Doch zurück zu den Erinnerungen und Ihrem Gedächtnis. Hirnforscher sind sich heute in einer Sache sehr sicher: Ohne Gedächtnis gibt es keine Persönlichkeit. Unser Bewusstsein würde in lauter Momentaufnahmen zersplittern. Erst das Gedächtnis verbindet diese zahllosen Einzelerlebnisse zu einem Ganzen, das wir unsere Lebensgeschichte nennen. Es stellt einen Sinnzusammenhang zwischen den einzelnen Anekdoten her, sodass wir daraus eine Identität ableiten können. Der Gedächtnisforscher und Harvard-Professor Daniel Schacter sagt: »Wir sind Erinnerung.«[58] Ohne Erinnerung ist der Mensch nicht imstande, eine Identität aufzubauen.

Dies hat einen evolutionären Vorteil: Der Mensch ist grundsätzlich kooperativ organisiert, das heißt, nur durch Zusammenarbeit kann er sein Überleben sichern. Dafür braucht jeder Einzelne eine Identität, auf die er sich verlassen kann – nur wenn er sich darauf verlassen kann, dass er heute derselbe Mensch ist wie gestern, kann er sich in einer permanent wandelnden Umwelt bewegen. Es gibt noch einen weiteren evolutionären Vorteil, meinen die Wissenschaftler: Der Mensch kann sich seine Erinnerungen auch längerfristig merken, er kann sie in Sprache übersetzen. Er kann sie bewusst aussuchen, sie in Kommunikation mit anderen austauschen oder sie über die Schrift weitergeben – diese Fähigkeit erhebt den Menschen zum Kulturwesen.[59]

Mag sein, dass Sie als Jugendliche die Augen verdreht haben, wenn Ihr Großvater oder Ihre Großmutter wieder einmal in Erinnerungen schwelgten. Für sie war das identitätsstiftend. Und schon als Jugendliche haben Sie es im Grunde nicht anders gemacht: andere an Ihren Erinnerungen teilhaben lassen. Es ist eben einfach schön, ein amüsantes Ereignis noch einmal zu erleben, indem wir es erzählen. Dabei ist es egal, ob wir es mündlich weitergeben oder es aufschreiben.

Wie halten Sie Ihre Erinnerungen wach? Vielleicht, indem Sie fotografieren? Mit Fotos versuchen wir, eine langfristige Verbindung herzustellen zwischen uns und der Welt. Sie machen vielleicht übers Wochenende eine Städtereise, schlendern durch die Straßen, besichtigen Sehenswürdigkeiten, genießen die ungewohnte Atmosphäre. Und Sie schießen unzählige Fotos. Zu Hause auf Ihrem PC sind Sie schockiert, weil es so viele sind. Wer soll sich die jemals anschauen?

Fotografieren, um sich besser zu erinnern – das hat seine Tücken. Wir sehen im Museum etwas, das wir unbedingt in

Erinnerung behalten wollen, also drücken wir auf den Auslöser in der Hoffnung, dass das Foto unserem Gedächtnis später auf die Sprünge hilft. Menschen haben sich ja immer schon externer Technologien bedient, um ihr Gedächtnis zu unterstützen – von der Keilschrift bis zu persönlichen Tagebüchern. Warum also sollten wir das heute nicht auch tun? Allerdings war es noch nie so einfach wie heute, Tausende Bilder zu speichern, und noch dazu zu einem Spottpreis, denn was kostet heutzutage schon eine Terabyte-Festplatte?

Sie ahnen, worauf ich hinaus will: In dem Moment, wo das Fotografieren genauso inflationär eingesetzt wird wie das gedankenlose Nachschlagen im Internet, delegieren wir eine wichtige Gehirnleistung an die Technologie. Denn es ist leider falsch zu glauben, dass man sich etwas besser merkt, nur weil man es fotografiert hat. Zumal man sich die Fotos nachher ja so gut wie nie anschaut. Die Psychologin Linda Henkel von der Fairfield University in Connecticut nördlich von New York City hat dies in einer Studie bewiesen.[60] Nur weil wir etwas fotografieren, bleibt es nicht besser in unserem Gedächtnis haften, sagt sie. Nicht anders wie bei Terminen, die man sich in den Kalender einträgt: Nur weil man sie richtig eingetragen hat, weiß man sie noch lange nicht auswendig. Man muss schon nachschauen, um sich an eine Vereinbarung zu erinnern. Genauso ist es mit Fotos: Damit sie ihre Wirkung auf unser autobiografisches Gedächtnis haben, müsste man sie sich öfter anschauen.

Glauben Sie mir: Alles, was ich in dieser Hinsicht vorschlage, brauche ich selbst wahrscheinlich noch dringender als Sie. Schulen wir unsere Aufmerksamkeit, überlegen wir, *bevor* wir auf den Auslöser drücken: Ist das etwas, das es wirklich wert ist, in einem Foto festgehalten zu werden? Oder ist es mir wichtiger, hier und jetzt den Augenblick zu genießen, die Stimmung, die Gerüche, die Farben, das Sonnenlicht? Ich bin sicher, dass wir einen solchen besonderen Augenblick gerade dann gut in Erinnerung behalten werden, wenn wir uns nicht durch das Hantieren mit unserer Kamera haben ablenken lassen.

Wenn wir auf diese Weise am Ende deutlich weniger Fotos auf unseren Server laden, steigt die Wahrscheinlichkeit, dass wir daraus ein Fotobuch machen (egal, ob analog oder digital), das dann große Chancen hat, von uns und unseren Liebsten des Öfteren beachtet und durchgeblättert zu werden. Und dann hat jedes Foto genau den Effekt, den wir uns gewünscht haben: dass es unseren Erinnerungen auf die Sprünge hilft.

Früher, als die Digitalfotografie noch nicht einmal gedacht und das Fotografieren teuer war, gab es noch die schönen Familienalben. Jede Familie, die etwas auf sich hielt, hegte und pflegte es – weil es der Familienidentität zuträglich war. Regelmäßig holte man es aus dem Regal, blätterte es durch und erinnerte sich.[61] Man traf sich zum Beispiel am Sonntag zur Kaffeejause und tauschte Erinnerungen aus: »Weißt du noch …?«

Fairerweise muss man sagen, dass das Album nur eine geschönte, gefilterte Seite der Familiengeschichte erzählte. Man fotografierte das süße, frisch gewaschene Baby im Sonntagsstrampler, aber selbstverständlich nicht die durch Dauergeschrei geräderten Eltern. Man zeigte den Bergurlaub, aber nicht das Gezeter, weil außer dem Vater dort niemand hinwollte. Doch ist es nicht heute genauso? Auch auf Facebook, Instagram oder Snapchat zeigen wir ja doch nur das, was wir gerne möchten, das andere über uns wissen sollen: das Diplom, das man gerade geschafft hat, aber nicht die Nervosität und die Magenkrämpfe vom vielen Lernstress. Das Foto von der Thermenlandschaft als

Beweis für den relaxten Lebenswandel, aber nicht den Fußpilz, den man sich dort eingehandelt hat.

Durch die Digitalisierung haben sich Familienalben scheinbar überlebt. Heute schießt man Fotos ohne Ende und legt sie auf einem Server ab, im Willen, diese irgendwann einmal auszusortieren und zu ordnen – was dann nie geschieht. Man teilt Fotos in den sozialen Netzwerken. Auch das Erstellen von digitalen Fotoalben zu bestimmten Themen ist sehr beliebt. Doch all diese Bildsammlungen sind heute abgeschlossene Projekte. Sie sind Belege einzelner Episoden und erzählen keine zusammenhängende Geschichte, wie es die Funktion eines Familienalbums eigentlich hat(te).

Alles hat eben seine Zeit – »Panta rhei« oder »Alles fließt«, das wusste schon um 500 v. Chr. der griechische Philosoph Heraklit. Statt Familienalben gibt es heute in vielen Familien – meiner eingeschlossen – »Family Chats« auf WhatsApp. Was für eine Bereicherung, als unser erster kleiner Enkelsohn in Frankreich 2012 auf die Welt kam und unser ältester Sohn diesen Chat für unsere Familie einrichtete!

Erinnerung und Gedächtnis, die beiden gehören untrennbar zusammen. Im Englischen gibt es bezeichnenderweise nur ein Wort dafür: *memory*. Erinnerungen sind ein wesentlicher Teil unseres Gedächtnisses. Das autobiografische Gedächtnis wird als das am höchsten entwickelte bezeichnet. Unser Gedächtnis können wir daher unterstützen, indem wir Erinnerungen festhalten. Ich habe ein paar Ideen, wie Ihnen das gelingen kann.

Wie wir unsere Erinnerung unterstützen können

HALTEN SIE ERINNERUNGEN IM HERZEN FEST

Verzichten Sie öfter auf die Kamerafunktion Ihres Handys und halten Sie ein Erlebnis mit all Ihren Sinnen in Ihrem Geist fest. Erinnern Sie sich an die Übung der »weichen Aufmerksamkeit« in Kapitel 4? Das wäre doch eine schöne Gelegenheit, um das Angenehme mit dem Nützlichen zu verbinden. Ihr Herz versteht nämlich besonders gut die Signale, die es über Ihre Sinne empfängt.

»FOTOGRAFIEREN« SIE INNERLICH SITUATIONEN, IN DENEN SIE IM HIER UND JETZT SIND

Das gilt ganz speziell bei Erlebnissen mit anderen Menschen oder wenn Sie ganz besondere Momente erleben. Saugen Sie jedes Detail in sich auf, dann brauchen Sie keine Kamera, weil Sie sich den Moment ganz leicht auch so merken.

EXTERNE SPEICHER NUR SELEKTIV VERWENDEN

Wenn Sie sich dafür entscheiden, doch zu externen Hilfsmitteln zu greifen, so denken Sie an Kapitel 2: Lassen Sie sich nicht von der Technologie zu sehr beherrschen, bleiben Sie der Boss von Handy & Co.!

FÜR FREUNDE DER SOCIAL MEDIA

Vor einiger Zeit las ich einen Tipp, der auf den Punkt bringt, worum es geht. Er lautete: »Do you snap a picture to keep the memory for yourself? That's okay. Or do you do it to show others how great your life is? Then don't!« Stellen Sie sich die Frage, was Sie mit den Fotos wollen. Wie viel davon ist Mitteilungsbedürfnis? Wie viel ist der Selbstdarstellung geschuldet?

UNTERSTÜTZEN SIE IHR AUTOBIOGRAFISCHES GEDÄCHTNIS

Machen Sie handschriftliche Aufzeichnungen in einem Tagebuch. Warum Handschreiben? Dazu mehr im nächsten Kapitel.

ERINNERUNGSRITUALE

Machen Sie es sich zur Gewohnheit, in regelmäßigen Abständen Erinnerungen, Eindrücke, besondere Gedanken oder auch gerade neu gelerntes Wissen festzuhalten. So können Sie an jedem Sonntagabend die Woche Revue passieren lassen bzw. an jedem Monatsersten den vergangenen Monat. Vielleicht machen Sie es sich auch zum Neujahrsritual und nutzen die Weihnachtsferien, um das abgelaufene Jahr zusammenzufassen: Was haben Sie alles erlebt? Was war schön, was hätten Sie sich lieber erspart? Was haben Sie gelernt? Welche Reisen haben Sie unternommen? Wie auch immer Sie Ihr Erinnerungsritual gestalten – es wird dazu beitragen, dass Sie Ihr Gehirn wachhalten und Ihre Merkfähigkeit verbessern.

! *Die Erinnerung ist der am höchsten entwickelte Teil unseres Gedächtnisses, ohne die wir keine Persönlichkeit, keine Identität hätten. Ohne Erinnerung zerfiele unser Bewusstsein in viele Splitter. Die Erinnerung verbindet Momentaufnahmen miteinander und stellt einen Sinnzusammenhang her. Unser gesamtes Leben ist eine Aneinanderreihung von Erinnerungen – um es noch einmal mit Daniel Schacter zu sagen: »Wir sind Erinnerung!« Wir unterstützen unser Gehirn, indem wir unser Erinnerungsvermögen schulen und unserem autobiografischen Gedächtnis unter die Arme greifen: durch bewusstere Wahrnehmung von Situationen, durch Übung in Achtsamkeit, durch selektives Fotografieren und handschriftliches Festhalten von Ereignissen, die für uns von Bedeutung sind.*

Handschrift hilft beim Merken!

IM JAHR 2015 KAM EINE AUFSEHENERREGENDE NACHRICHT aus Finnland: Ausgerechnet der mehrmalige PISA-Sieger sprach davon, die gebundene Schreibschrift (also nicht die Blockschrift, wohl aber die Lateinschrift) aus dem verpflichtenden Lehrplan zu streichen. 2017 wollen österreichische Politiker Computer verpflichtend in allen Schulen verwendet wissen – dass damit mehr getippt als handgeschrieben werden würde, ist ein logischer Schluss. Viel weiter östlich wiederum, in China, denkt man darüber nach, wie man Handschrift wieder fördern könnte. Man stellte fest, dass chinesische Kinder nur noch am Smartphone schreiben und nicht mehr imstande sind, die komplizierten chinesischen Zeichen zu benutzen. Nun werden sogar Schreibkurse im TV angeboten, um dieses Können wieder aufblühen zu lassen.

Die Notwendigkeit, mit der Hand schreiben zu können, wird seit einigen Jahren diskutiert. Ist das wirklich noch hilfreich? Wir haben doch Computer, in die wir jegliche Information hineintippen können. Dafür spricht, dass man den Text doch viel besser bearbeiten, formatieren, verschieben, abrufen und bei Bedarf löschen kann. Und der Ausdruck allemal besser lesbar ist als jeder handschriftliche Text.

Andererseits ist die Handschrift doch ein Kulturgut und es zu verlieren würde uns um einiges ärmer machen. Außerdem fördert die Handschrift gewisse motorische Fähigkeiten. Welche Auswirkungen hätte es, könnten Menschen gar nicht mehr schreiben? Wir wissen es derzeit nicht, es würde aus ethischen Gründen auch keine Feldstudie dazu geben.

Allerdings gibt es seit einigen Jahren Untersuchungen, die dem möglichen Unterschied zwischen dem Schreiben mit der Hand und dem Tippen am Computer nachgehen. An verschiedenen Universitäten in den USA, aber auch in Frankreich und Deutschland, kommen Forscher alle zu einem einheitlichen Ergebnis:[62]

Das Schreiben mit der Hand lässt uns besser lernen, Informationen länger behalten und neue Ideen leichter verstehen.

Warum das so ist? Nun, stellen Sie sich vor, Sie sitzen in einem höchst interessanten Vortrag und haben nur Block und Kugelschreiber, um sich Notizen zu machen. Wortwörtlich mitschreiben wird kaum gelingen, es sei denn, Sie gehören noch zu jener Generation, die Stenografie gelernt hat. Sie haben also das Dilemma, die Zeit entweder mit Zuhören oder mit Aufschreiben zu verbringen.

Sie werden Folgendes tun: Während Sie zuhören, transformieren Sie das, was Sie hören, in Ihre Worte und in Ihre Welt. Sie versuchen das Gehörte zu verstehen und bedienen sich dabei Ihres eigenen Wortschatzes, knüpfen an Ihr vorhandenes Wissen an. Sie verinnerlichen das Gehörte also bereits während des Notierens und strukturieren es auf dem Papier neu. Das ist das Beste, was Sie für Ihr Gedächtnis tun können! Noch ein Effekt unterstützt dabei Ihre Merkfähigkeit, nämlich die motorische Bewegung Ihrer Hand. So wie jede Bewegung unsere Gedächtnisleistung unterstützt, hilft auch die Handführung beim Schreiben dem Gehirn, dass Sie sich besser merken, was Sie aufschreiben.

Würden Sie bei diesem Vortrag hingegen auf Ihrem Computer mitschreiben, würden Sie ganz anders agieren: Sie wären sehr viel stärker verführt, wortwörtlich mitzuschreiben – je besser Sie die Tastatur beherrschen, desto eher ginge das. Doch auch wenn Sie nur teilweise die Worte der Vortragenden in den Computer tippen würden: Der für das Merken notwendige Vorgang der Selektion würde wegfallen, Sie würden nicht nach eigenen Worten suchen und nicht zusammenfassen. Sie hätten zwar mehr Text mitgeschrieben, aber mit viel weniger Anknüpfungspunkten für Ihr Gehirn.

An der Washington University in St. Louis ergab eine Studie, dass Studierende, die am Computer mitschrieben, unmittelbar nach einer Vorlesung bei einem Test etwas besser abschnitten als ihre Kommilitonen, die sich handschriftliche Notizen machten. Doch bereits nach 24 Stunden hatte die erste Gruppe das meiste ihrer Notizen bereits wieder vergessen, selbst ein Blick in ihre Notizen half ihnen kaum auf die Sprünge. Jene Gruppe, die handschriftliche Notizen machte, erinnerte sich selbst nach einer Woche noch an den Vorlesungsinhalt. Deren Notizen waren auch hilfreicher beim Nachschlagen, weil sie beim Verfassen besser strukturiert wurden. Die Psychologen Mueller von der Princeton University und Oppenheimer von der University of California, Los Angeles (UCLA)[63] stellten sogar signifikant bessere Testergebnisse bei der zweiten Gruppe fest.

Auch die Gehirnaktivitäten wurden untersucht und verglichen. Die Psychologin Karin James von der Indiana University[64] ließ Kinder, die noch nicht lesen konnten, einen Buchstaben entweder abzeichnen oder in einen Computer tippen. Dann wurden sie mit einem Hirnscanner untersucht, es wurde ihnen noch mal der Buchstabe präsentiert. Das Ergebnis überrascht uns nun wenig: Bei jenen Kindern, die den Buchstaben mit der Hand abgezeichnet hatten, wurden verstärkte Aktivitäten in drei verschiedenen Bereichen des Gehirns festgestellt. Bei jenen, die in den Computer getippt hatten, gab es kaum Hirnaktivitäten.

! ***Der Vorteil der Schreibgeschwindigkeit am Computer ist verschwindend im Vergleich zum Vorteil des Merkens und Weiterverarbeitens von Informationen beim Handschreiben. Unser Gehirn ist beim Handschreiben sehr viel aktiver!***

Dass es mitunter schwierig sein kann, den Impuls zum doch so bequemen Schreiben am Computer zugunsten des Schreibens mit der Hand zu unterdrücken, hat die Forscherin Mueller in Princeton schon festgestellt. Damit es Ihnen gelingt, so oft wie möglich mit der Hand zu schreiben, habe ich ein paar Impulse gesammelt.

Lust auf mehr Handschreiben?

EINKAUFSLISTEN

Dank unserer Ausführungen wissen Sie ja nun, wie Sie sich Ihre Liste mithilfe Ihres Körpers merken können. Sollten Sie dazu einmal keine Lust haben, dann schreiben Sie sie auch manchmal mit der Hand, anstand sie in Ihr Smartphone zu tippen.

TERMINKALENDER ODER PLANER IN BUCHFORM

Es war für mich mehr als überraschend und erhellend, als Ali Mahlodji – der schon erwähnte, höchst medienaffine junge Geschäftsmann – mir in unserem Gespräch sein schwarzes, ledergebundenes »wichtigstes« Buch zeigte. Darin hält er zu Beginn des Tages seine Gedanken, To-dos oder Pläne fest, ergänzt und reflektiert sie am Abend – natürlich handschriftlich.

POST-ITS

Anstatt das entsprechende Computerprogramm zu nutzen: Schreiben Sie Ihre To-dos mit der Hand auf einzelne Post-its – die lassen sich dann so herrlich bewusst entsorgen, wenn die darauf notierte Sache erledigt ist.

BRIEFE – WIEDER MODERN?

Seien Sie romantisch und schreiben Sie mit der Hand einen Liebesbrief an Ihre/n Liebste/n! Schicken Sie einer Freundin oder einem Freund nach einem schönen, erfüllenden Treffen ein paar handgeschriebene Zeilen anstatt einer elektronischen Nachricht. Der Überraschungseffekt ist garantiert!

TAGEBUCH

Schreiben Sie Tagebuch und eignen Sie sich eine Gewohnheit an, damit Sie das auch regelmäßig tun. Ich habe dafür ein liebgewonnenes Sonntagabend-Ritual: Ich ziehe mich mit einem Gläschen Rotwein mit meinem Kalender zurück und lasse die vergangene Woche Revue passieren. Für eine Woche gibt es darin jeweils eine Doppelseite; ebenso nach jedem Monat zwei leere Seiten für einen Monatsrückblick. Ich schreibe Erledigtes, Erlebtes, Erfreuliches, Erfolgreiches auf, notiere Erkenntnisse aus einem Buch, das ich gerade lese, halte Eindrücke fest von interessanten Menschen, denen ich begegnet bin. Bei der Gelegenheit schreibe ich auch drei Dinge nieder, auf die ich in der Woche dankbar zurückblicke.

EIN HANDGESCHRIEBENES GESCHENK …

… ist immer etwas Besonderes. Das könnte zum Beispiel ein schönes Gedicht sein, das zum Anlass und zum Beschenkten passt. Mit Liebe von Hand geschrieben (und vielleicht sogar auswendig vorgetragen?) wird es seine Wirkung nicht verfehlen.

Mein Lieblingsgedicht von Hermann Hesse[65] möchte ich Ihnen zum Abluss gern zur Inspiration mitgeben.

Stufen

Wie jede Blüte welkt und jede Jugend
Dem Alter weicht, blüht jede Lebensstufe,
Blüht jede Weisheit auch und jede Tugend
Zu ihrer Zeit und darf nicht ewig dauern.
Es muß das Herz bei jedem Lebensrufe
Bereit zum Abschied sein und Neubeginne,
Um sich in Tapferkeit und ohne Trauern
In andre, neue Bindungen zu geben.
Und jedem Anfang wohnt ein Zauber inne,
Der uns beschützt und der uns hilft, zu leben.

Wir sollen heiter Raum um Raum durchschreiten,
an keinem wie an einer Heimat hängen,
Der Weltgeist will nicht fesseln uns und engen,
Er will uns Stuf' um Stufe heben, weiten.
Kaum sind wir heimisch einem Lebenskreise
Und traulich eingewohnt, so droht Erschlaffen,
Nur wer bereit zu Aufbruch ist und Reise,
mag lähmender Gewöhnung sich entraffen.

Es wird vielleicht auch noch die Todesstunde
Uns neuen Räumen jung entgegen senden,
Des Lebens Ruf an uns wird niemals enden …
Wohlan denn, Herz, nimm Abschied und gesunde!

Das Schreiben mit der Hand ist viel mehr als bloß das Festhalten von Informationen. Es setzt einen kognitiven und koordinativen Prozess in Gang, der weit über das hinausgeht, was beim Tippen in den Computer passiert. Durch das händische Schreiben werden Lernen und Erinnerung verbessert und im Gehirn viele Areale aktiviert.

!

TAPPEN SIE NICHT IN DIE ALTERSFALLE

DER 7. SEPTEMBER 2016 WIRD MIR in ewiger Erinnerung bleiben. Ich saß in einer eleganten, mit vielen Blumen geschmückten Wiener Ringstraßenwohnung, deren eigentümlicher Charme mich sofort gefangen nahm. Genauso wie die Besitzerin, die mir, elegant gekleidet von Kopf bis Fuß, mit blitzenden Augen und Ihrem so typischen, wissenden und beinahe spitzbübischen Lächeln gegenübersaß: Frau Professor Lotte Tobisch-Labotýn, 90 Jahre jung, ehemalige Burgschauspielerin und viele Jahre lang Organisatorin des Wiener Opernballs. Bei jedem ihrer Interviews im Fernsehen hatte ich mir immer schon gedacht: »Genau so, mit so viel Gelassenheit, Neugier und Humor möchte ich alt werden!« Ich war gekommen, um mit ihr zum Thema »Alter und Gedächtnis« zu sprechen – und es wurde ein unvergessliches Gespräch daraus. Wir begannen zwar beim Thema Gedächtnis, doch bei dem unglaublich reichen Erfahrungsschatz ging es auch um viele andere Themen, die Frau Tobisch spontan einfielen oder gerade am Herzen lagen.

Wie man auch im hohen Alter noch geistig fit und rege sein kann, das hat Lotte Tobisch auch in ihren beiden (höchst lesenswerten!) Büchern festgehalten: *Langweilig war mir nie – Warum es sich lohnt, neugierig zu bleiben* und *Alter ist nichts für Phantasielose*. Ich bin unendlich dankbar, dass ich in diesem Gespräch selbst erleben durfte, wie Frau Tobisch diese Lebensweisheiten auch tatsächlich »lebt«.

MIT VORURTEILEN AUFRÄUMEN

Es heißt, dass wir mit dem Alter vergesslicher werden und unsere Gehirnleistung generell nachlässt – wie es überhaupt in unserer Gesellschaft offenbar zum guten Ton gehören dürfte, über das Älterwerden hauptsächlich zu jammern. Für mich ist das jedenfalls Anlass genug, um ein wenig aufzuräumen mit diesem Vorurteil. Nicht zuletzt war dies auch einer der Gründe, weshalb ich mich entschloss, noch einmal bei den »World Memory Championships«, den Gedächtnisweltmeisterschaften, in Singapur im Dezember 2016 anzutreten. 2004 hatte ich das letzte Mal bei den Weltmeisterschaften in Manchester teilgenommen und mir dort den Titel »Grand Master of Memory« geholt.

Diesmal, zwölf Jahre später, trat ich in der »Senior Category« an, nachdem mein 60. Geburtstag bereits hinter mir liegt. Mein erklärtes Ziel dort war: an meine Leistungen von 2004 anknüpfen zu können, sie vielleicht sogar in einigen Bewerben zu übertreffen. Die Championships werden in zehn Kategorien ausgetragen, wie zum Beispiel *Names and Faces, Hour Cards, Speed Numbers, Historic Dates* oder *Random Words.* Mein Ziel ging voll auf – in vier Bewerben konnte ich neue Weltrekorde in der »Senior Category« aufstellen. Doch was mich am meisten freute, ist, dass ich in fünf Kategorien meine eigenen Leistungen aus 2004 überboten habe.

Wenn das kein Grund ist, die Altersvergesslichkeit infrage zu stellen! Natürlich, man muss schon etwas dafür tun, um geistig fit zu bleiben – doch gilt das nicht in jedem Alter? Wenn wir jung sind, kommen wir gar nicht auf die Idee, nicht zu lernen – zum einen, weil die Schule uns zwingt, vor allem aber, weil wir als junger Mensch neugierig auf das Leben sind und es viel Neues zu entdecken gibt. Es gibt so vieles, das uns interessiert. Ich habe den Eindruck, dass das genau der Punkt ist, weshalb manche

Menschen an Gedächtnisleistungskraft verlieren: Sie haben die Neugierde und die Begeisterung am Leben verloren. Lust und Begeisterung sind wohl der beste Dünger für unser Gehirn. Sie erinnern sich an die Nonnenstudie, die ich in Kapitel 2 erwähnt habe? Diese Frauen wurden alt, sehr alt, und waren dabei geistig rege und blieben mental fit bis zur letzten Stunde.

»A NAME A DAY KEEPS ALZHEIMER AWAY«

Das ist mein Motto, das ich nicht nur gerne mit Augenzwinkern sage, sondern auch wirklich lebe. Versuchen Sie, sich jeden Tag etwas Neues einzuprägen: den Namen eines Menschen, der Ihnen vorgestellt wird, eine Telefonnummer, Ihre Kreditkartennummer oder vielleicht auch einmal ein Gedicht. Beschließen Sie, eine neue Sprache oder ein Musikinstrument zu lernen. Verbannen Sie das Vorurteil, im Alter wäre das doch sinnlos, aus Ihrem Kopf! Es ist wirklich nicht nötig, sich ständig einzureden, es würde sich doch nicht mehr auszahlen.

Was Hänschen nicht lernt, lernen dann eben Hans oder Johanna. Sie lernen vielleicht ein bisschen anders, doch es ist nicht einmal gesagt, dass sie länger dafür brauchen. Sie können schließlich an einer Menge Erfahrungen und Vorwissen anknüpfen, die das kleine Hänschen noch nicht im Gehirn gespeichert hat. Es kommt darauf an, was man lernt. Wenn Sie noch nie ein Instrument spielen konnten und mit 60 erstmals zur Geige greifen, wird es natürlich etwas dauern, bis Sie dem Instrument Mozarts *Kleine Nachtmusik* entlocken können. Überfordern Sie sich nicht!

Natürlich kann man die Tatsache nicht leugnen, dass das Gehirn mit der Zeit an Masse verliert und die Nervenverbindungen sowie die chemische Signalübertragung schlechter funktionieren. Wir müssen uns mehr anstrengen, um aufmerksam und konzentriert zu bleiben, und die Reaktionszeiten nehmen ab. Dem gegenüber stehen aber mehr Gelassenheit und emotionale Stabilität. Die Fähigkeit zu vermitteln und zu moderieren steigt. Das Gehirn hat eigentlich schon im Alter von drei Jahren nahezu seine Größe erreicht. Es kann jedoch bis ungefähr 50 noch um ein Prozent an Volumen zulegen.

Psychologen sind jedenfalls überzeugt, dass der Geist mit dem Alter an Schärfe gewinnt, zumindest in gewisser Weise. Man muss nämlich unterscheiden zwischen »fluider Intelligenz« und »kristalliner Intelligenz«. Erstere zeichnet sich durch eine rasche Auffassungsgabe und ein gutes Gedächtnis aus. Die kristalline Intelligenz beruht auf Übung. Sie setzt Gelerntes in Beziehung zueinander (eine Fähigkeit, die wir etwa für Kreativität brauchen) und ermöglicht eine bessere verbale Ausdrucksfähigkeit, Fachwissen und soziale Kompetenz. Die fluide Intelligenz geht ab dem 25. Lebensjahr kontinuierlich zurück. Die kristalline Intelligenz hingegen entfaltet sich dann erst so richtig. Mit 60 Jahren ist sie maximal ausgeprägt. Wenn wir vom Abbau der Gehirnleistung sprechen, dann meinen wir offenbar nur den fluiden Teil und ignorieren, dass unser Gehirn noch viel mehr zu leisten imstande ist.

Lotte Tobisch berichtete mir in unserem Gespräch, dass sie mit ihren 90 Jahren zwar feststellt, dass ihr ein Name oder ein Wort oft nicht gleich einfällt. Doch das, was sie wirklich interessiert, kann sie gut im Gedächtnis behalten. Sie findet im Übrigen, dass auch das Vergessen durchaus Sinn hat. Einen alten Mantel, der ausgedient hat, oder einen Pullover, der zu klein geworden ist, gibt man schließlich auch einmal zur Altkleidersammlung. Genauso ist es zuträglich, manches zu vergessen, das nicht mehr passt.

Natürlich können wir unser Altern, wie unser Leben generell, nicht am Reißbrett planen. Niemand kann Demenz entgehen, wenn diese in seinen oder ihren Genen angelegt ist. Doch – und davon bin ich fest überzeugt – wir können diesen Altersprozess zumindest hinausschieben. Eine wesentliche Rolle spielt hier die eigene Erwartungshaltung, denn diese wirkt sich entscheidend auf die geistige Leistungsfähigkeit im Alter aus.

Was Sie tun können, um geistig fit zu bleiben

DAS WICHTIGSTE: MAN KANN IN JEDEM ALTER SEIN GEDÄCHTNIS TRAINIEREN!

Ich lade Sie herzlich ein, sich diese Überzeugung zu eigen zu machen und sich von althergebrachten Vorurteilen zu verabschieden. Und das Beste daran: Je mehr an Erfahrungen und Wissen wir haben, desto leichter fällt es uns, Neues zu merken, wie Martin Korte, Professor für Neurobiologie an der TU Braunschweig in seinem Buch *Jung im Kopf* festhält.

Lernereignisse im Gehirn bewirken eine Aufrechterhaltung und sogar einen Ausbau der am Lernen beteiligten neuronalen Netze!

ÜBEN SIE BESONDERS DAS MEMORIEREN MIT BILDERN

Damit habe ich die besten Erfahrungen gemacht und es entspricht auch sehr der Struktur unseres Gehirns, in Bildern zu denken.

TRAINIEREN SIE IM ALLTAG NACH DEM MOTTO »MÄSSIG, ABER REGELMÄSSIG!«

Alles, was Ihnen zur Routine wird, wird auch dauerhaft umgesetzt und bringt Ihnen die gewünschte Wirkung. Üben Sie sich in Geduld – jede neue Lernmethode muss vom Gehirn zunächst erinnert und eingeübt werden, bevor sie greift.

BLEIBEN SIE BEREIT, NEUES ZU LERNEN

Nehmen Sie sich Lotte Tobisch zum Vorbild, sie erzählte mir, dass sie unbedingt noch lernen wolle, mit einem Smartphone umzugehen. Wenn man bedenkt, dass es Menschen gibt, die sogar mit 50 schon meinen, das sei zu spät für sie, ist das schon bemerkenswert – und unbedingt nachahmenswert! Finden Sie also etwas, das Sie interessiert und motiviert – was immer das auch sein mag! Dann klappt es auch mit dem lebenslangen Lernen – ganz nach dem Motto des Hirnforschers Gerald Hüther: *Begeisterung ist Dünger für unser Gehirn.*

ÜBEN SIE SICH IM SELBSTSTÄNDIGEN DENKEN

Auch darüber hat Lotte Tobisch einiges zu sagen, die eine wachsende Gedankenlosigkeit beobachtet. Um es in ihren Worten zu sagen: »Die Menschen haben es verlernt, Dinge zu Ende zu denken.« Ist es nicht hoch interessant, dass dies auch der beinahe 60 Jahre jüngere mehrfach erwähnte Interviewpartner Ali Mahlodji – mit fast identischen Worten – festgestellt hat? Bleiben wir also kritisch und wachsam, übernehmen wir nicht alles, was Facebook & Co. uns vorgaukeln. In Zeiten, in denen für manche »fake news« gang und gäbe sind, sollten wir umso mehr bereit sein, zuerst nachzudenken und erst dann zu handeln.

BETREIBEN SIE SPORT

Wie schon erwähnt, hat regelmäßige Bewegung positive Wirkung auf Ihr Gehirn. Tappen Sie bitte nicht in die Altersfalle: Wenn Sie mit Sport Ihre Muskeln aufbauen, können diese genauso kräftig werden wie die von Jüngeren.

Ich bin überzeugt, dass wir zurzeit einen Paradigmenwechsel erleben, was Vorurteile gegenüber dem Alter anlangt. In meinem ersten Buch, das 2003 erschienen ist, erzählte ich von einer Studie der Harvard-Psychologin Ellen J. Langer. Sie zeigte auf, dass es besonders die Vorurteile und Stereotypen sind, die wir als Kinder unbewusst aufschnappen, die unsere eigenen Einstellungen zum Alter am meisten beeinflussen.

Heute werden Kinder und junge Menschen mit einem ganz anderen Bild konfrontiert: Immer mehr sogenannte *super agers* präsentieren in den sozialen Netzwerken, was sie Großartiges leisten. Da bestreiten 70- und 80-Jährige einen Marathon und sogar den Ironman in Hawaii, 90-Jährige erlangen den Doktortitel. Dank der großen Reichweite und dem doch überwiegend jungen Publikum auf Facebook & Co. wird auch unter den Jüngsten darüber gesprochen und das Vorurteil aufgeweicht. Auch prominente Persönlichkeiten wie Lotte Tobisch oder der bald 80-jährige, äußerst aufgeschlossene und geistig rege Placido Domingo, den ich persönlich bei einem TV-Auftritt kennenlernen durfte, tragen dazu bei.

Altersvergesslichkeit hin oder her – Alter ist kein Argument für schwindende Gehirnleistung. Denn die Neurowissenschaft zeigt, dass das Gehirn sich zwar in seinem Volumen verkleinert, in seiner Qualität jedoch nicht schlechter, sondern nur anders wird. Wir sprechen vom Übergang von der »fluiden«

zur »kristallinen« Intelligenz. Eine rasche Auffassungsgabe und gute Merkfähigkeiten weichen mit den Jahren einer höheren Kreativität, besserer verbaler Ausdrucksfähigkeit, Fachwissen und sozialer Kompetenz.

BLEIBEN SIE NEUGIERIG

DER DEUTSCHE PSYCHOLOGE ERNST PÖPPEL fordert in seinem Buch *Traut euch zu denken*[66] , dass in Schulen und Universitäten keine Wissenshäppchen mehr vermittelt werden, sondern »Landkarten des Wissens«. Diese Wissenskarten sind die Basis für eigenes Denken, eine Fähigkeit, die im Zeitalter digitaler Medien zunehmend verloren zu gehen scheint. Viele schließen sich unkritisch den Meinungen an, die andere bereits vorgeformt haben. Je mehr »Likes« ein Beitrag auf Facebook hat, desto mehr wird er einfach übernommen und nicht hinterfragt. Sowohl Lotte Tobisch als auch Ali Mahlodji sind sich einig: Das *Nicht-zu-Ende-Denken* ist leider in Mode gekommen.

Wer vage denkt, kann auch nur vage handeln – eigenständiges, qualifiziertes Denken ist Voraussetzung dafür, dass wir die für uns richtigen Handlungen setzen.

Ernst Pöppel ist Optimist – genau wie ich! Wenn in sozialen Systemen eine Entwicklung zu sehr in eine bestimmte Richtung läuft, setzt der Mechanismus der Selbstreparatur ein und es kommt automatisch zu einer Gegenbewegung – wie ein Pendel, das den physikalischen Gesetzen folgt und von selbst in die andere Richtung ausschlägt, um nach einigen Hin- und Herbewegungen schließlich die goldene Mitte zu finden. Viele junge Menschen empfinden bereits ein wachsendes Unbehagen über diese Fremdbestimmung in den sozialen Medien. Pöppels Enkelsohn zum Beispiel, so sagt er, hat sich mit 16 Jahren von allen sozialen Netzwerken abgemeldet, weil er nicht länger fremdbestimmt sein wollte.

Darüber hinaus kann man die sozialen Netzwerke und das Internet von zwei Seiten sehen: Man kann der Meinung sein, »Liken« und »Sharen« wären das neue Denken, und diese Entwicklung negativ betrachten. Man kann es aber auch positiv sehen: Es gab noch nie so viele Möglichkeiten, klugen Menschen beim Denken quasi zuzusehen und selbst Denkanstöße zu bekommen.

Ich verorte auch beim Thema Gedächtnis eine Gegenbewegung. Menschen erkennen zunehmend, dass es ihr Selbstbewusstsein, ihre Handlungsfähigkeit, ihre Kreativität erhöht, wenn ihr analoges Wissen wieder verlässlicher wird, wenn sie sich freispielen und sich unabhängiger machen von ihrem »Gehirn in der Hosentasche«. Dazu noch einmal Ernst Pöppel[67]:

> ***»Die Neugier und die Sehnsucht, Dinge selber zu machen und dabei kreativ zu sein, sind tief in der menschlichen Natur verankert – und sie werden nicht aussterben.«***

Vor der Erfindung von Google & Co. haben wir jedes Mal, wenn uns ein kleines, neugieriges Kind eine Frage stellte – oder wenn wir selbst etwas wissen wollten –, zunächst in unserem eigenen Wissensschatz gegraben, haben in Büchern nachgesehen oder Mitmenschen gefragt. Auch heute sollte es das Ziel sein, dieses Verhalten als die erste Wahl zu betrachten und erst wenn man nicht fündig wird, zum Handy zu greifen.

Durch Fragen zu lernen, die einen ehrlich interessieren, ist eines der machtvollsten Werkzeuge für den Wissenserwerb. All die Ideen und Anregungen in diesem Buch werden Sie nur dann wirklich einsetzen und zu Ihrer Gewohnheit machen, wenn Sie sie für das Merken von dem Wissen, das Sie in Begeisterung versetzt, verwenden. Neugierde ist eine große Triebfeder für uns Menschen. Sie bringt uns immer wieder dazu, unbekannte Gebiete zu erforschen, zu lernen – auch eine neue Umgangsweise mit den modernen Medien zu entwickeln.

Geschätzte Leserin, werter Leser: Bleiben Sie neugierig. Geben Sie Ihrem Gehirn die Chance, der bessere Datenspeicher für Sie zu sein. Halten Sie es auf Trab und geben Sie ihm regelmäßig Futter – zum Merken, zum Nachdenken, zum Weiterdenken, zum Zu-Ende-Denken. Bereichern Sie Ihren Wissensschatz – Wissen ist wirklich ein Schatz, und zwar einer, den Ihnen niemand wegnehmen kann. Machen Sie das erfindungsreiche *Denken in Bildern* zu Ihrer Lieblingsmethode, so ungewohnt es anfangs auch scheinen mag. In kleinen Schritten umgesetzt, erhöht es Ihre Kreativität auch in anderen Bereichen Ihres Lebens.

Möge dieses Buch Ihnen Lust gemacht haben, wieder mehr auf Ihr Gehirn zu setzen, um in Zukunft immer öfter sagen zu können:

Merken ist besser als googeln!*

5 | DAS MÜSSEN SIE IN ZUKUNFT NICHT MEHR GOOGELN

29.10.2003, ENDEMOL-STUDIO, KÖLN. Die 224. Folge der »Millionenshow« steht ganz im Zeichen Europas und der EU, die im Jahr darauf um 10 Mitgliedsstaaten erweitert werden soll. Und ich mitten unter den insgesamt 10 Kandidaten! Alle hatten sich besonders gut auf dieses zumindest teilweise überschaubare Wissensgebiet vorbereitet. Meine beiden erklärten Ziele: erstens, die Antworten auf die Fragen zu wissen – egal, ob ich auf dem »heißen Stuhl« landen würde oder nicht. Hatte ich doch in meiner Vorbereitung meine »Gedächtnis-Werkzeuge« besonders intensiv genutzt! Mein zweites Ziel: dass mein Name nach den Einwahlfragen zu Beginn auch tatsächlich grün aufleuchten sollte – um zu signalisieren: Ich hatte die richtige Reihenfolge eingetippt. Beide Ziele gingen zu hundert Prozent auf: Ich wusste die Antwort auf sämtliche Fragen, mein Name war grün unterlegt – und ich war jedes Mal die Zweit(!)schnellste ...

Es war ein Erlebnis, das ich nicht missen möchte, mit meiner jüngeren Schwester als Begleitung diese beiden Tage in Köln zu erleben. Und wer weiß – vielleicht bewerbe ich mich mit 80 noch einmal ...?

GANZ EGAL, OB SIE SICH nun auf die »Millionenshow« oder »Wer wird Millionär« vorbereiten, Ihr Allgemeinwissen vertiefen oder einfach »nur« Ihr Gedächtnis trainieren möchten – in den folgenden Listen können Sie Ihr »Memoriermaterial« von Kapitel 3 festhalten. Elektronisch abrufbar auch auf www. memo-coach.com. Ich wünsche Ihnen viel Freude beim erfolgreichen Nachschlagen in Ihrem analogen Speicher namens Gedächtnis!

EU-Staaten nach Bevölkerung

Machen Sie eine Runde in Ihrer Küche und schauen Sie, was hier liegt. Ehrgeizige legen auch noch drei weitere Länder ab – Platz findet sich in der kleinsten Küche! :-)

1		81 Millionen
2		66 Millionen
3		65 Millionen
4		61 Millionen
5		46 Millionen
6		38 Millionen
7		20 Millionen
8		17 Millionen
9		11,3 Millionen
10		10,8 Millionen

https://de.statista.com/statistik/daten/studie/164004/umfrage/prognostizierte-bevoelkerungsentwicklung-in-den-laendern-der-eu/

Das »Memoriermaterial« von Help-TV – 30 Begriffe

1	
2	
3	
4	
5	
6	
7	
8	
9	
10	
11	
12	
13	
14	
15	
16	
17	
18	
19	
20	

21	
22	
23	
24	
25	
26	
27	
28	
29	
30	

Österreichische Bundespräsidenten seit 1945

1		1945–1950
2		1951–1957
3		1957–1965
4		1965–1974
5		1974–1986
6		1986–1992
7		1992–2004
8		2004–2016
9		seit 2016

Deutsche Bundespräsidenten seit 1949

1		1949–1959
2		1959–1969
3		1969–1974
4		1974–1979
5		1979–1984
6		1984–1994
7		1994–1999
8		1999–2004
9		2004–2010
10		2010–2012
11		2012–2017
12		seit 2017

Amerikanische Präsidenten seit 1945

1		1945–1953
2		1953–1961
3		1961–1963
4		1963–1969
5		1969–1974
6		1974–1977
7		1977–1981
8		1981–1989
9		1989–1993
10		1993–2001
11		2001–2008
12		2009–2017
13		seit 2017

Erinnern Sie sich an die Vornamen dieser Menschen?

Könnten Sie diese Menschen mit ihren Namen begrüßen?

Die 30 gängisten männlichen deutschen und englischen Vornamen

(mit Merk-Bildern)

BEN	ital. »bene« = gut
BRIAN	*brain*
CHRISTIAN	Christbaum
ELLIOT	Elliot, das Schmunzelmonster
GABRIEL	… hat eine Gabel eingesteckt
HANS	Hans im Glück
HARRY	*hairy*
HERMANN	ein herrlicher Mann
HELMUTH	… hat Helm auf
HORST	Horst eines Falken, Adlers
JAMES	*Jamie Oliver* schwingt Kochlöffel
JOHN	*John F. Kennedy, John Lennon …*
KARL	Karl der Große; Kaiserkrone
KLAUS	Santa Claus
LUKAS	Gibt es irgendwo eine Luke …?
MICHAEL	*Michael Jackson;* Erzengel Michael als Schutzpatron
OLIVER	»Olive«
PAUL	… sitzt am Gaul
PETER	»Schwarzer Peter«; oder Peter Pan
ROBERT	der fliegende Robert; oder der »Robbenbändiger«
ROGER	*saluting* (alles Roger)

RON	*running*
SAM	hat vielleicht SAM-tige Augen oder Stimme
STEFAN	... hat Stiefel an
THOMAS	*Thomas Gottschalk* ... oder Tomate
TOBY	... er tobt vor Freude!
TRISTAN	... ist traurig, weil seine Isolde nicht da ist
WALTER	Wald voller Erlen
WILHELM	*Wilhelm Tell;* Apfel
WOLFGANG	ein Wolf mit typischem Gang

Die 30 gängisten weiblichen deutschen und englischen Vornamen

(mit Merk-Bildern)

ALICE	Alice im Wunderland
ANNA	Ananas
BIRGIT	Bier? Igittigitt!
BRIGITTE	Brille mit Gittermuster (auch wenn sie keine Brille trägt)
CHARLENE	*leaning* ...
DAISY	hat irgendwo ein Gänseblümchen
ELIZABETH	*Queen Elizabeth*
GERTRUD	eine Gerte ruht (an einem *Merk*-Ort)
GRACE	*Grace Kelly*
HANNAH	kleiner Hahn auf der Schulter

HELGA	»helle Gazelle«
JULIA	... jubelt: »Ja!«
KARIN	sitzt in einem *Car* (oder Cabrio) drinnen
LAURA	... trägt Lorbeerkranz
LEONIE	Löwin
LISA	... liest ganz vertieft
LOTTA	... hat im Lotto gewonnen; wir »kleben« den Lottoschein auf ein Merkmal an ihr
MARLENE	eine *Mar*-garite lehnt an ihrer Wange ...
MARTHA	eine Marke – da!
MARY	*marrying someone*
MELISSA	Melissenkräuter oder -saft
MIA	kleine Katze (miau)
MONIKA	spielt Har-*monika*
NICOLE	... ihr ist *nie »cold«*
RUBY	etwas Rubinrotes läßt sich sicherlich finden/aufmalen
SABINE	eine Biene auf der Wange? Nase? Im Haar?
SANDRA	etwas *Sand* im Haar
SARAH	... trägt einen Sari
URSULA	eine Uhr lacht
VIKTORIA	setzen wir ihr eine Krone aufs Haupt, wie Queen Victoria

Länder und ihre Hauptstädte

Achtung: Reihenfolge ist bewusst durcheinandergewürfelt!

LAND	HAUPTSTADT
LIBANON	
KIRGISTAN	
TADSCHIKISTAN	
USBEKISTAN	
SIMBABWE	
KASACHSTAN	
NEUSEELAND	
SUDAN	
ASERBAIDSCHAN	
MAROKKO	

Geht's auch umgekehrt?

HAUPTSTADT	LAND
BEIRUT	
BAKU	
WELLINGTON	
ASTANA	
RABAT	
HARARE	
DUSCHANBE	
TASCHKENT	
KHARTUM	
BISCHKEK	

ABC-Liste zu »super«

A	atemberaubend, attraktiv, ...
B	beeindruckend, bemerkenswert, ...
C	charismatisch, cool, ...
D	delikat, ...
E	eindrucksvoll, ...
F	faszinierend, ...
G	großartig, ...
H	hilfsbereit, ...
I	interessant, ...
J	jubilierend, ...
K	kolossal, ...
L	lobenswert, ...
M	musterhaft, ...
N	nachahmenswert, ...
O	originell, ...
P	phantastisch, ...
Q	qualitätsvoll, ...
R	richtig gut, ...
S	staunenswert, ...
T	toll, ...
U	unnachahmlich, ...
V	verblüffend, ...

W	wunderbar, wundervoll, ...
X	x
Y	y
Z	zauberhaft, ...

Deutsche Landeshauptstädte von Süd nach Nord

KÖRPERTEIL OUTFIT	**BILD**	**HAUPTSTADT**
FÜSSE		
KNIE		
OBER-SCHENKEL		
GESÄSS		
BAUCH		
BRUST		
SCHULTER		
HALS		
MUND		
KOPF		

Deutsche Bundesländer und ihre Hauptstädte

1 | Bayern	
2 | Baden-Württemberg	
3 | Saarland	
4 | Rheinland-Pfalz	
5 | Hessen	
6 | Thüringen	
7 | Sachsen-Anhalt	
8 | Sachsen	
9 | Brandenburg	
10 | Berlin	
11 | Mecklenburg-Vorpommern	
12 | Schleswig-Holstein	
13 | Hamburg	
14 | Bremen	
15 | Niedersachsen	
16 | Nordrhein-Westfalen	

Verdi-Opern – chronologisch geordnet

BILD	OPER	JAHR
		1842
		1847
		1849
		1851
		1853
		1853
		1859
		1862
		1867
		1871
		1887
		1893

300 Jahre Operngeschichte

12:00 | Claudio Monteverdi	1567
1:00 | Georg Friedrich Händel	1685
2:00 | Christoph Willibald Gluck	1714
3:00 | Wolfgang Amadeus Mozart	1756
4:00 | Ludwig van Betthoven	1770
5:00 | Gioacchino Rossini	1792
6:00 | Gaetano Donizetti	1797
7:00 | Giuseppe Verdi | Richard Wagner	1813
8:00 | George Bizet	1838
9:00 | Peter Iljitsch Tschaikowsky	1840
10:00 | Giacomo Puccini	1858
11:00 | Richard Strauss	1864

Unser Einkaufskorb – an alles gedacht?

1	
2	
3	
4	
5	
6	
7	
8	
9	
10	
11	
12	

Sich-Verlieren beim Nachschlagen – das gab's auch früher schon

Ganz zum Schluss möchte ich Ihnen noch ein weiteres Lieblingsgedicht von mir auf den Weg mitgeben. Es zeigt auf unnachahmliche Eugen-Roth-Weise, dass es dieses »Sich-Verlieren« beim Nachschlagen von Dingen, die uns interessieren, auch früher schon gab. Nur – aufstehen, um im »Bande H« nachzuschlagen, das brauchen wir heute nicht mehr …

EUGEN ROTH | *Das Hilfsbuch*[68]

Ein Mensch, nichts wissend von »Mormone«
Schaut deshalb nach im Lexikone
Und hätt es dort auch rasch gefunden –
Jedoch er weiß, nach drei, vier Stunden
Von den Mormonen keine Silbe –
Dafür fast alles von der Milbe,
Von Mississippi, Mohr und Maus:
Im Ganzen »M« kennt er sich aus.
Auch was ihn sonst gekümmert nie,
Physik zum Beispiel und Chemie,
Liest er jetzt nach, es fesselt ihn:
Was ist das: Monochloramin?
»Such unter Hydrazin«, steht da.
Schon greift der Mensch zum Bande »H«
Und schlägt so eine neue Brücke
Zu ungeahntem Wissensglücke.
Jäh fällt ihm ein bei den Hormonen
Er sucht ja eigentlich: Mormonen!
Er blättert müd und überwacht:
Mann, Morpheus, Mohn und Mitternacht …
Hätt weiter noch geschmökert gern,
Kam bloß noch bis zum Morgenstern
Und da verneigte er sich tief
Noch vor dem Dichter – und – entschlief.

6 RÜCKBLICK AUF DAS BUCH – IN »MERK-GERECHTER« FORM

LIEBE LESERIN, GENEIGTER LESER, nun sind wir wirklich am Ende dieses Buches angekommen. Ich hoffe, es war der eine oder andere Denkanstoß für Sie dabei, Ihr Gedächtnis in Zukunft wieder mehr fordern und somit fördern zu können – trotz der Bequemlichkeiten, die uns digitale Medien bei Gedächtnis- und Erinnerungsaufgaben bieten. Wenn Sie Lust zum Weitermachen haben, besuchen Sie mich doch auf www.luisemariasommer.at. Ich freue mich auf Sie!

Und nun – lassen Sie mich auch praktizieren, was ich predige, oder wie es im Englischen so treffend heißt: *Let me walk the talk.* Mit diesem abschließenden »Gedächtnis-Werkzeug« können Sie sich fünf wichtige Aspekte des Buches jederzeit ins Gedächtnis zurückholen – einfach durch einen Blick auf die fünf Finger Ihrer Hand!

Am **DAUMEN** befestigen wir gleich das Wichtigste: **DENKEN** in Bildern! Ob es um Namen von Menschen, das Merken Ihres PIN-Codes oder Fakten aus dem Allgemeinwissen geht – nützen Sie Ihre Vorstellungskraft und stellen Sie Bilder vor Ihr geistiges Auge. Ich hoffe, in unserem »mentalen Fitness-Studio« von Kapitel 3 war die eine oder andere Inspiration für Sie dabei!

Das **»Z«** vom **ZEIGEFINGER** steht für **ZIELVISUALISIERUNG** – mit den richtigen Worten formuliert. Erinnern Sie sich noch an die »Macht der Worte« in Kapitel 4? Gerade wenn es um unser Gedächtnis geht, lautet ein wichtiger Appell an uns selbst: »Das merk ich mir!« Und den Satz »Das darf ich nicht vergessen« – den können wir getrost vergessen.

DIE FÜNF-FINGER-FORMEL FÜR EIN GUTES GEDÄCHTNIS

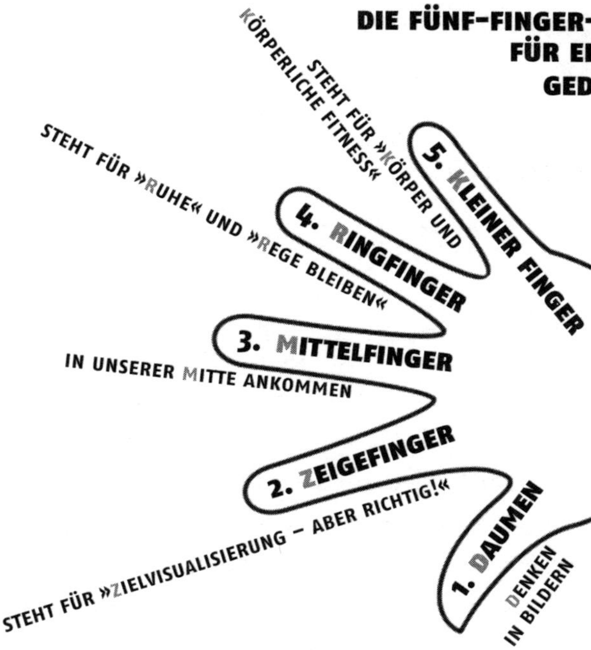

Der **MITTELFINGER** – als größter – übermittelt die wichtigste Botschaft: Wir müssen immer wieder in unserer **MITTE** ankommen, sowohl den Menschen als auch den Aufgaben unsere ungeteilte Auf**MERK**samkeit schenken. Ein Geschenk, das zunehmend wertvoller wird, je mehr digitale Kommunikations- oder Ablenkungsmöglichkeiten uns zur Verfügung stehen.

Der **RINGFINGER** steht für **RUHE**. Gesunder Schlaf, Übungen zur »weichen Aufmerksamkeit« oder sich von der Natur faszinieren lassen – all das kann uns helfen, diese Ruhe zu finden. Vielleicht bei einem Waldspaziergang?

Der **KLEINE** Finger – sein Anfangsbuchstabe **»K«** steht für **KÖRPER**. Bewegen Sie sich, lautet die Devise. Alles, was wir für unsere körperliche Fitness tun, kommt auch unserer geistigen Beweglichkeit zugute.

Und schließlich: statt das nächste Mal in einer Wartezeit automatisch zum Smartphone zu greifen – werfen Sie einen Blick auf Ihre (leere) Hand und lassen Sie diese zu Ihrem »Erinnerungshelfer« werden!

7 | ANHANG

Mein Dank gilt …

… zuallererst Frau Dr. Mathilde Fischer, (Mit-) Gründerin des Verlages Fischer & Gann. Sie war es, die mich zu diesem Buch inspiriert und motiviert hat. Ihr höchst professionelles Lektorat hat mein Manuskript »kurz und knackig« und um einiges lesefreundlicher gemacht. Großartig unterstützt von Gesine Beran mit ihrem exellenten grafischen Gespür – auch an sie an dieser Stelle ein ganz herzliches Danke dafür!

Meinen Interviewpartnern, Frau Professor Lotte Tobisch-Labotýn, Brigitte Karner und Kammerschauspieler Peter Simonischek sowie Ali Mahlodji, bin ich zu großem Dank verpflichtet. Sie haben mir ihre Zeit und ungeteilte Aufmerksamkeit geschenkt und mir so zu interessanten, manchmal unerwarteten Einblicken verholfen.

Meiner Familie, den wichtigsten Menschen in meinem Leben, danke ich von Herzen für ihre Unterstützung und vor allem Verständnis für die Zeiten, wo Luise, Mama oder Luma in ihrem Arbeitszimmer versunken und für den Rest der Welt nicht erreichbar war. Versprochen: Der Laptop im Gepäck beim gemeinsamen Schiurlaub bleibt die Ausnahme!

LMS

INTERNETQUELLEN

- Max Planck Society; https://www.mpg.de/research/video-games-brain; »Wie Videospiele das Gehirn fördern können«; zugegriffen am 25.09.2016
- »Internetnutzer halten sich für klüger, als sie sind«; http://www.manager-unternehmen/it/internetnutzer-halten-sich-fuer-klueger-als-sie-sind-a-1053159.html; zugegriffen am 27.11.2016
- Richtel, Matt (2010). Digital Devices Deprive Brain of Needed Downtime http://www.nytimes.com/2010/08/25 /technology/25brain.html?_r=2& ref= technology (10-08-24); Kommentar in der Presse vom 14. Oktober 2011
- http://www.unibe.ch/aktuell/medien/media_relations/medienmitteilungen/2016/medienmitteilungen_2016/wie_schlaf_das_raeumliche_gedaechtnis_foerdert/index_ger.html; »Wie Schlaf das räumliche Gedächtnis fördert«; zugegriffen am 23.09.2016
- http://www.richroll.com/podcast/shawn-stephenson-sleep-smarter; Tipps für guten Schlaf von Gesundheitsexperte Shawn Stephenson im Gespräch mit Rich Roll; zugegriffen am 24.09.2016
- http://nymag.com/scienceofus/2016/01/how-expressing-gratitude-change-your-brain.html#; »Wie Dankbarkeit Ihr Gehirn verändern könnte«; zugegriffen am 29.11.2016
- http://sb.cc.stonybrook.edu/news/general/150804sleeping.php, »Could Body Posture Sleep Affect ...«; zugegriffen am 23.5.2017
- https://www.coloradocollege.edu/newsevents/newsroom/the-power-of-positive-sleeping#.WSUk11PyjUI; »The Power of Positive Sleeping«; zugegriffen am 24.5.2017

ANMERKUNGEN

1 Nein, bitte greifen Sie nun nicht zum Handy, um das bei Wikipedia nachzuschlagen. Ich verrate es Ihnen: MARIA THERESIA lebte von 1717 bis 1780, regiert hat sie von 1740 bis zu ihrem Tod. – Sie meinen, Sie konnten sich historische Daten noch nie gut merken? Lassen Sie sich überraschen, in Kapitel 3 gibt es kreative Wege zu verblüffendem geschichtlichen Überblickswissen!

2 http://dzd.blog.uni-wh.de/bahnbrechende-studien-aus-der-forschung-die-nonnenstudie; letzter Zugriff 28.2.2017

3 Zum Ergebnis der Umfrage: »Frage: Ich habe das Gefühl, mein Gedächtnis leidet, weil mir mein Handy oder Smartphone Erinnerungsfunktionen, das Speichern von Wissen, Zahlen etc. abnimmt.« Auf einem Bewertungsbalken von 1–4 (Legende: 1 = stimme nicht zu, 4 = stimme völlig zu) wurde folgendes Ergebnis erzielt: 1– 13% der Befragten; 2–26%; 3–33%,4–28%

4 PRZYBYLSKI / WEINSTEIN (2012)

5 MANFRED SPITZER (2015), S. 62

6 http://www.psychologicalscience.org/index.php/news/releases/saving-old-information-can-boost-memory-for-new-information.html; zugegriffen am 24.4.2016

7 SPARROW, BETSY/LIU, JENNY/WEGNER, DANIEL M. (2011): *Google Effects on Memory: Cognitive Consequences of Having Information at Our Fingertips.* Science 333 (6043), 776–778

8 »Vermeintlich schlau«, *Harvard Business Manager*, Trends Psychologie, Oktober 2015

9 Moderne Medien stören das Einprägen und Lernen. http://arbeitsblaetter.stangl-taller.at/MEDIEN/Medien-Lernen.shtml; letzter Zugriff 28.2.2017

10 People think they're refreshing themselves, but they're fatiguing themselves. MARC BERMAN (University of Michigan); Quellen: RICHTEL, MATT (2010). Digital Devices Deprive Brain of Needed Downtime http://www.nytimes.com/2010/08/25/technology/25brain.html?_r=2&ref=technology (10-08-24). Kommentar in der Presse vom 14. Oktober 2011

11 http://www.spiegel.de/gesundheit/diagnose/licht-von-handy-laptop-und-tablet-stoert-schlaf-a-1003928.html; zugegriffen am 26. 2. 2017

12 CHRISTIAN HOLST (2012)

13 »Kinder verblöden am PC«, http://www.t-online.de/-/id_79772292/tid_pdf_0/vid_59917854/index; letzter Zugriff 28.2.2017

14 CLEMENSON, DANE/STARK, CRAIG (2015): Playing 3-D video games can boost memory formation UCI Center for the Neurobiology of Learning & Memory, publ. in *The Journal of Neuroscience*, Dec. 9, 2015 http://oe1.orf.at/programm/422467; 14. 12. 2015 (Sendedatum); zugegriffen am 07. 06. 2016

15 http://derstandard.at/1376534170795/Computerspiele-trainieren-raeumliches-Denken, 24. August 2013; letzter Zugriff 28. 2. 2017

16 Radiokolleg »Das medialisierte Kind«, ORF, Ö1, Februar 2017

17 Als ich Ali einige Zeit später die Niederschrift unseres Gesprächs schickte und ihn bat, es zu autorisieren, bekam ich diese automatische Antwort:

> Liebe Damen und Herren, liebe Freunde,
> ich bin gerade täglich unterwegs, um die Welt zu retten (kein Scherz) und lese daher in geringem Ausmaß meine Emails, bzw. 1–2 mal am Tag und nur zu folgenden Zeiten:
> *11:00–12:00
> *16:00–17:00
> (ja, ich habe Öffnungszeiten für meine Emails :))

18 Möchten Sie sich die richtige chronologische Reihenfolge dieser Philosophen und Redner merken? Das Kunstwort »SokraPlatAri« hilft Ihnen dabei!

19 SMALL/VORGAN (2013), S. 98

20 MARTIN DRESLER et al. (2017)

21 BORIS NIKOLAI KONRAD (2016)

22 Bevölkerungsreichste Länder der EU Stand 2015 http://de.statista.com/ statistik/daten/studie/164004/umfrage/prognostizierte-bevoelkerungsentwicklung-in-den-laendern-der-eu/

1.	Deutschland	81 Millionen
2.	Frankreich	66 Millionen
3.	Großbritannien	65 Millionen
4.	Italien	61 Millionen
5.	Spanien	46 Millionen
6.	Polen	38 Millionen
7.	Rumänien	20 Millionen

23 Die Technik, die ich beim Einprägen der Autokennzeichen anwendete, werden Sie weiter hinten beim Merken von Passwörtern kennenlernen. Und wie das Merken von Namen geht, schauen wir uns auch noch an!

24 Der Passwort-Hintergrund ist die erste Zeile eines bekannten Kinderliedes »Kommt ein Vogel geflogen, setzt sich nieder auf mein Fuß« – gefolgt von den Ziffern 01 für den Monat Januar. Daher das Passwort: KeVg,ssnamF01. Und für Februar dann: HeBiS,vdMeG02 (»Hat ein Brieflein im Schnabel, von der Mutter einen Gruß.«)

25 »sudern« (Dialektausdruck) meint hier: jammern, sich beklagen (oft ohne Grund)

26 WOLF SCHNEIDER (2011), S. 314

27 MARILYN VOS SAVANT (1997)

28 widerlich: Widerwillen, Abscheu erregend, abstoßend, ekelhaft; im übertragenen Sinn: hässlich, gemein, sehr unangenehm. Frevel: Entheiligung, Versündigung (gegen göttliche oder menschliche Gesetze), (poet.) Missetat, Verbrechen. mondän: sehr elegant und sehr gewandt, und dabei lässig überlegen (Frau), im Stil der großen Welt (Lokal), zu französisch *monde* »Welt«.

29 INGRID AMON (2017)

30 »olte Bama« (Dialekt) meint hier »alte Bäume«

31 Bundesländer Deutschlands und ihre Hauptstädte: https://www.mapsworld.com/deutsch/deutsche-bundeslaender-und-ihre-hauptstaedte-landkarte.html

32 Die sechs europäischen Zwergstaaten – von klein nach groß: https://duda.news/wissen/zwergstaaten-das-sind-europas-mini-laender

33 EUGEN ROTH (2012), S. 95

34 EUGEN ROTH, ebd., S.17

35 Bei den Salzburger Festspielen 2016 übernahm PETER SIMONISCHEK kurzfristig die Hauptrolle im Sturm, als HANS-MICHAEL REHBERG krankheitshalber ausfiel. Es blieben ihm weniger als drei Monate zum Erlernen dieser großen Rolle.

36 PETER SPORK (2011)

37 http://www.unibe.ch/aktuell/medien/media_relations/archiv/news/2016/medienmitteilungen_2016/wie_schlaf_das_raeumliche_gedaechtnis_foerdert/index_ger.html

38 PETER SOLC (2014)

39 http://sb.cc.stonybrook.edu/news/general/150804sleeping.php

40 https://www.coloradocollege.edu/newsevents/newsroom/the-power-of-positive-sleeping#.WSUk11PyjUI

41 PETER SPORK (2011), S.98

42 https://www.youtube.com/watch?v=tfetFVePqWo

43 GEORGE PENNINGTON (2014)

44 CLEMENS ARVAY (2015)

45 http://diepresse.com/home/leben/gesundheit/5042157/Bewegte Muskeln-aktivieren-auch-das-Hirn; letzter Zugriff 27.2.2017

46 Ebd.

47 BERMAN, MARC et al. (2015) *Neighborhood greenspace and health in a large urban center.* Grossman Institute for Neuroscience, Quantitative Biology, and Human Behavior, University of Chicago

48 Hintergrund für dieses Zahlenspiel: Homo Sapiens gibt es seit ca. 200.000 Jahren; seit ca. 10.000 Jahren (Jungsteinzeit) ist der Mensch sesshaft.

49 MACEDONIA: »Mit Händen und Füßen«, *Gehirn und Geist* 1-2/2013

50 Ebd.

51 https://www.aphorismen.de/zitat/36017

52 PRATHIK KINI, JOEL WONG, SYDNEY MCINNIS, NICOLE GABANA, JOSHUA W. BROWN (2015); *The effects of gratitude expression on neural activity.* Indiana University, Bloomington, United States. Zitat: »We show here that even brief expressions of gratitude may have profound and lasting effects on neural activity and sensitivity«; zit. n. JARRET, CHRISTIAN (2016)

53 NEWBERG/WALDMAN (2013)

54 »Wenn wir gestresst sind, werde die Emotionsschaltkreise des limbischen Systems aktiv, während die Aktivität derjenigen der Sprachzentren im Stirnhirnlappen nachlässt.« Ebd., S. 24

55 https://www.psychologie-heute.de/news/emotion-kognition/detailansicht/news/unser_biografisches_gedaechtnis_wandelt_sich_mit_den_jahren/; letzter Zugriff 27. 2. 2017

56 CHRISTIAN SCHÜLE: »Im Bann der Erinnerung«, *Zeit Online Psychologie*, 8. 2. 2011

57 Bei Bildungsreisen gilt dieses Phänomen natürlich nicht. Um es mit den Worten von DR. MAX GROTHAUS, passionierter »Bildungsreiseleiter« (www.anabasis.at) auszudrücken: »Je mehr man hineingibt, desto länger wird es.«

58 DANIEL SCHACTER (2001)

59 CHRISTIAN SCHÜLE, ebd.

60 ROSE LICHTER-MAREK: Welchen Einfluss hat Fotografieren auf unsere Erinnerung? http://www.vice.com/alps/read/welchen-einfluss-hat-fotografieren-auf-unsere-erinnerung; letzter Zugriff 27. 2. 2017

61 MICHAEL SCHILLIGER: »Wie uns das Familienalbum zeigt, wer wir sind«, *Neue Zürcher Zeitung*, 14. 10. 2016

62 HOTZ: »Can Handwriting Make You Smarter?«, *The Wall Street Journal*, April 4, 2016

63 MUELLER/OPPENHEIMER: *The Pen Is Mightier Than the Keyboard. Psychological Science*, 2014, Vol. 25(6) 1159–1168; https://www.nytimes.

com/2014/06/03/science/whats-lost-as-handwriting-fades.html?ref=science&_r=0; zuletzt zugegriffen am 10.2.2017

64 https://www.nytimes.com/2014/06/03/science/whats-lost-as-handwriting-fades.html?ref=science&_r=0; zuletzt zugegriffen am 10.2.2017

65 HERMANN HESSE (2002)

66 PÖPPEL/WAGNER (2016)

67 ERNST PÖPPEL, https://www.welt.de/wissenschaft/article159033795/Wir-verlassen-uns-darauf-dass-fuer-uns-gedacht-wird.html, *Welt*, 25.10.2016

68 EUGEN ROTH (2012), S. 97

LITERATURVERZEICHNIS

AMON, INGRID (2017): *Meine Stimme, mein Erfolg.* Der kompakte Ratgeber für die wirkungsvollste Stimm- und Sprechtechnik. Fischer & Gann, Munderfing

ARVAY, CLEMENS (2015): Der Biophilia-Effekt. Heilung aus dem Wald. edition a, Wien

AESCHBACHA, DANIEL/CHANGA, ANNE-MARIE/CZEISLERA, CHARLES A./DUFFYA, JEANNE F. (2015): *Evening use of light-emitting eReaders negatively affects sleep, circadian timing, and next-morning alertness.* University of Texas Southwestern Medical Center, Dallas.

BAMBERGER, CHRISTOPH M. (2015): *Die 50 besten Vergesslichkeitskiller.* MVS Medizinverlage, Stuttgart

BARR, NATHANIEL/PENNYCOOK, GORDON/STOLZ, JENNIFER A./FUGELSANG, JONATHAN A. (2015): *The brain in your pocket: Evidence that Smartphones are used to supplant thinking.* Computers in Human Behavior 48: 473–480

BERMAN, MARC et al. (2015): *Neighborhood greenspace and health in a large urban center.* Grossman Institute for Neuroscience, Quantitative Biology, and Human Behavior, University of Chicago

CARR, NICHOLAS (2011): *The Shallows: What the Internet is Doing To Our Brains.* W. W. Norton, London, New York

CLEMENSON, DANE/STARK, CRAIG (2015): *Playing 3-D video games can boost memory formation.* UCI Center for the Neurobiology of Learning & Memory, publ. in *The Journal of Neuroscience*, Dec. 9, 2015

DRESLER, MARTIN et al. (2017): *Mnemonic Training Reshapes Brain Networks to Support Superior Memory.* Magazin *Neuron*, Cell Press

EGGLER, ANITRA (2013): *Facebook macht blöd, blind und erfolglos.* Orell Füssli Verlag AG, Zürich

EGGLER, ANITRA (2016): *Mail halten! Digitale Sebstverteidugung für Arbeitshelden und Alltagskrieger.* Anitra Eggler, Wien

EISELSBERG, PAUL (2016): *#Social Media Revolution. Die Auswirkungen der neuen Kommunikationswelten auf die Gesellschaft und Wirtschaft in Österreich.* Trauner Verlag, Linz

FISHER, MATHEW/GODDU, MARIEL/KEIL, FRANK (2015): *Searching for Explanations: How the Internet Inflates Estimates of Internal Knowledge.* Journal of Experimental Psychology, 2015, Vol. 144, No. 3, 674–687

HOLST, CHRISTIAN (2012): *Neuro Insights: Papier schlägt Bildschirm. Neurowissenschaftliche Studie zur Recall-Leistung von Print- und Online-Medien.* Siegfried Vögele Institut, Königstein

HÜTHER, GERALD (2011): *Wer wir sind und was wir sein könnten. Ein neurobiologischer Mutmacher.* S. Fischer Verlag, Frankfurt am Main

HÜTHER, GERALD/QUARCH, CHRISTOPH (2016): *Rettet das Spiel! Weil Leben mehr als Funktionieren ist.* Carl Hanser Verlag, München

JARRET, CHRISTIAN (2016): *How Expressing Gratitude Might Change Your Brain.* British Psychological Society's Research Digest blog

KINI, PRATHIK/WONG, JOEL/MC INNIS, SYDNEY/GABANA, NICOLE W./ BROWN, JOSHUA (2015): *The effects of gratitude expression on neural activity.* NeuroImage 128 (2016) 1–10. Indiana University, Bloomington

KONRAD, BORIS NIKOLAI (2016): *Alles nur in meinem Kopf. Die Geheimnisse unseres Gehirns.* Ariston Verlag, München

KORTE, MARTIN (2013): *Jung im Kopf. Erstaunliche Einsichten der Gehirnforschung ins Älterwerden.* Deutsche Verlagsanstalt, München

LALOUSCHEK, WOLFGANG (2013): *Raus aus der Stressfalle. Die besten Strategien gegen Burnout & Co.* Kneipp-Verlag, Wien

LANGER, ELLEN J. (2015): *Mindfulness. Das Prinzip Achtsamkeit.* Verlag Franz Vahlen, München

LEMBKE, GERALD/LEIPNER, INGO (2014): *Zum Frühstück gibt's Apps. Der tägliche Kampf mit der Digitalen Ambivalenz.* Springer-Verlag, Berlin, Heidelberg

MUELLER, PAM A./OPPENHEIMER, DANIEL M. (2014): *The Pen Is Mightier Than the Keyboard: Advantages of Longhand Over Laptop Note Taking.* Princeton University and University of California, Los Angeles

NEWBERG, ANDREW/WALDMAN, ROBERT (2013): *Words Can Change Your Brain.* Penguin, London

PENNINGTON, GEORGE (2014): *Bewusst leben.* Psychologie für den Alltag. Lenzwald Verlag, Augsburg

PRZYBYLSKI, ANDREW K./WEINSTEIN, NETTA (2012): *Can you connect with me now? How the presence of mobile communication technology influences face-to-face conversation quality.* Journal of Social and Personal Relationships, 1–10. University of Essex

PÖPPEL, ERNST/WAGNER BEATRICE (2016): *Traut euch zu denken.* Riemann Verlag, München

SAVANT, VOS MARILYN (1997): *BrainBuilding,* Rowohlt, Reinbek

ROTH, EUGEN (2012): *Sämtliche Gedichte.* Carl Hanser Verlag, München

SCHACTER, DANIEL (2001): *Wir sind Erinnerung – Gedächtnis und Persönlichkeit.* Rowohlt Verlag, Reinbek

SCHNEIDER, WOLF (2011): *Wörter machen Leute: Magie und Macht der Sprache.* Piper Verlag, München

SEDMAK, CLEMENS (2014): *Jeder Tag hat viele Leben. Die Philosopohie der kleinen Schritte.* Ecowin, Salzburg

SMALL, GARY/VORGAN, GIGI (2013): *Alzheimer ist kein Schicksal.* Wilhelm Goldmann Verlag, München

SNOWDON, DAVID A. (2000): *The Nun Study. Sanders-Brown Center on Aging.* University of Kentucky Chandler Medical Center

SOLC, PETER (2014): *Die Time-Out-Taktik. Effektive Regeneration bei Leistungsdruck, Stress und Erschöpfung.* Humboldt, Hannover

SPARROW, BETSY/LIU, JENNY/WEGNER, DANIEL M. (2011): *Google Effects on Memory: Cognitive Consequences of Having Information at Our Fingertips.* Science 333 (6043), 776–778

SPORK, PETER (2011): *Das Schlafbuch. Warum wir schlafen und wie es uns am besten gelingt.* Rowohlt Verlag, Reinbek

SPITZER, MANFRED (2015): *Cyberkrank! Wie das digitalisierte Leben unsere Gesundheit ruiniert.* Droemer Verlag, München

SPITZER, MANFRED (2012): *Digitale Demenz. Wie wir uns und unsere Kinder um den Verstand bringen.* Droemer Verlag, München

STEPHENSON, SHAWN (2016): *Sleep Smarter: 21 Essential Strategies to Sleep Your Way to a Better Body, Better Health, and Bigger Success.* Hay House, London

STÖCKL, BARBARA (2012): *Wofür soll ich dankbar sein?* Ecowin, Salzburg

STÖCKL, BARBARA (2017): *Was wirklich zählt.* Amalthea Signum Verlag, Wien

TOBISCH, LOTTE (2016): *Alter ist nichts für Phantasielose.* Amalthea Signum, Wien

TOBISCH, LOTTE (2013): *Langweilig war mir nie – Warum es sich lohnt, neugierig zu bleiben.* Brandstätter Verlag, Wien

ZIMMERMANN, PIA (2016): *Generation Smartphone. Wie die Digitalisierung das Leben von Kindern und Jugendlichen verändert.* Fischer & Gann, Munderfing

QUELLENANGABEN

Wir danken dem Suhrkamp Verlag für die freundliche Genehmigung des Abdrucks des Gedichtes »Stufen«, aus: HERMANN HESSE, *Sämtliche Werke in 20 Bänden.* Herausgegeben von VOLKER MICHELS. Band 10: *Die Gedichte.* © Suhrkamp Verlag Frankfurt am Main 2002.

Außerdem danken wir Herrn THOMAS ROTH für die freundliche Genehmigung des Abdrucks von drei Gedichten von EUGEN ROTH: »Der Urlaub«, »Das Hilfsbuch«, »Falscher Verdacht«. Aus: EUGEN ROTH, *Sämtliche Gedichte.* Carl Hanser Verlag. München 2012.

Bildquellen, Inhalt: Shutterstock/Daxiao Productions (Brian); Shutterstock/9nong (Charlene); Shutterstock/Martina Ebel (Frau Farcher); Shutterstock/Rawpixel.com (Herr Lederer); Shutterstock/Romanets (Mr Livingston); Shutterstock/Phovoir (Sandra); Shutterstock/Monkey Business Images (Mrs Whitmore); Shutterstock/Galina Barskaya (Wilhelm); alle übrigen Portraitfotos © privat

Bildquellen, Cover: shutterstock/Thana Thanadechakul; shutterstock/Alexey Pushkin; Elmar Gubisch (Portrait L.M. Sommer); Suzy Stöckl (Portrait L.M. Sommer, Innenklappe)

KONTAKTDATEN DER AUTORIN
FÜR ANFRAGEN ZU IMPULSVORTRÄGEN, KEYNOTES ETC.

Dr. Luise Maria Sommer

Pretulstraße 24, 8665 Langenwang

vortrag@luisemariasommer.at

www.luisemariasommer.at

PIA ZIMMERMANN

GENERATION SMARTPHONE

Wie die Digitalisierung das Leben
von Kindern und Jugendlichen verändert

Was wir wissen sollten
und was wir tun können

Format 14 x 22 cm | 264 Seiten
ISBN 978-3-903072-34-3

SIE WACHSEN AUF MIT DEM FINGER AUF DEM DISPLAY, spielen schon im Kindergarten Memory auf dem Tablet und bekommen spätestens ab zehn ohne Internet Entzugserscheinungen – eine neue Generation wächst heran: die Generation Smartphone.

Die digitale Revolution hat unser aller Leben erfasst, und sie stellt Eltern und Pädagogen vor enorme Herausforderungen. Was ist der richtige Umgang mit Smartphone, Tablet und PC?

Die Autorin gibt einen fachkundigen, umfassenden Überblick über die wichtigsten Trends der Digitalisierung: von sozialen Netzwerken, Computerspielen, von Gamedesign, digitalem Lernen, über Datensicherheit bis hin zu Cybermobbing. Sie zeigt deren Chancen und Herausforderungen auf und plädiert an alle, die mit Heranwachsenden leben, die gemeinsame digitale Zukunft verantwortlich mitzugestalten.

fischer & gann

Das gesamte Verlagsprogramm finden Sie unter
www.fischerundgann.com

INGRID AMON

MEINE STIMME – MEIN ERFOLG

Der kompakte Ratgeber
für die wirkungsvollste Stimm- und Sprechtechnik

Mit 100 Übungen, Tipps
und Anwendungsbeispielen

Format 14 x 22 cm | 204 Seiten
ISBN 978-3-903072-44-2

WAS NÜTZT DIE BRILLANTESTE REDE, wenn sie nuschelnd, zu leise oder zu hastig vorgetragen wird? Die Stimme ist ein Schlüsselreiz in unserer täglichen Kommunikation. Sie macht unsere Botschaft erst zu dem, was sie sein soll: glaubwürdig und überzeugend. Doch wie bewusst gehen wir mit unserem Erfolgstool eigentlich um?

Ingrid Amon erklärt in diesem Ratgeber, wie wir unsere Stimme optimal nutzen können. Vor dem Hintergrund ihrer jahrzehntelangen Erfahrung präsentiert sie zahlreiche einfach zu praktizierende Übungen zur Stimm- und Sprechtechnik – von der richtigen Atmung und Körperhaltung bis hin zur Artikulation, Stimmentwicklung und Stimmpflege.

Ein umfassendes Praxisbuch für alle, die ihre Stimme in Beruf und Karriere bewusster und erfolgreicher einsetzen wollen.

fischer & gann

Das gesamte Verlagsprogramm finden Sie unter
www.fischerundgann.com